JN060923

政治社会学

Sociologie politique

政治学を捉えなおす

櫻井陽二
芝田秀幹
共著

泉文堂

序

政治の世界は、数多くの人間が、夢や希望をもって、あるいは、好き・嫌い、恐怖や憎悪の感情をもって関与している、複雑で大がかりな世界です。大規模で、複雑で、変転極まりないこの世界のメカニズムを解明するには、どうすればよいか。そこには、二つの大きな障害があります。

その一つは、政治の観察者も、自身の所属する社会の中で、利害感情を持って生きている一生活者に過ぎず、その心理状態で政治を見、政治に関与することを運命づけられているという条件です。だから、完全に科学的・客観的な観察者になることはできません。また、二つ目は、政治現象を研究する政治学は、自然科学のように、研究対象を部分的に切り取って、試験管の中で実験するようなことが、ほとんどできないような学問であるということです。

それでもなお、科学的な研究に適さないこの政治の世界について、一歩でも客観的な認識、つまり、「政治の科学（political science）」に近づくには、どうすればよいか。この目標に一歩でも近づくには、まず第一に、これまでに、この難しい現象の解明に果敢に取り組んできた、歴史上の「知の巨人」たちが観察し、思考し、概念化し、理論化してきた知見を、手掛かりとして用いることです。しかし、政治に関する体系的な知識としての政治学も、多かれ少なかれ、観察者たちが生きた時間・空間的な位置によって制約されており、普遍妥当性のある「科学」とする知見は、あまり多くはありません。

したがって、第二に、実験ができない代わりに、観察の対象を拡大し、特定の国や時代を超えて、「世界大の空間」の中で、政治に関係すると見られる諸事実を、できるだけ多く、視野に入れることが必要となります。また、時間的にも、人類全体の社会と経済と文化と政治の「歴史」を視野に入れて、観察することが必要である、と考えます。政治に関する「知の巨人」たちの知見、および、われわれにとって観察可能な限りの広大な時間・空間に現れた政治的事実を考慮に入れることに加えて、第三に、われわれの同時代に進んだ実証的研究の成果に照らし合わせ、普遍的に妥当すると思われる政治の「法則性」、および、「時と所によって妥当すると思われる、政治に関する体系的知識」の把握に努めるやり方が、最も実行可能で、稔りある戦略であろうと、考えます。

政治学は、上記の諸条件によって制約されていますから、時と所が変われば、妥当性を失ってしまうものが少なくありません。本書もその例外ではありえませんが、本書は、現時点で、イデオロギー的・哲学的傾向が濃いと感じられるようになった在来の政治学を超え、実証的な研究成果を踏まえて、政治の本質、政治体制の経済的・社会的基礎、政治体制の多様性とその変化、および、その諸要因を明らかにし、共同研究者の芝田秀幹教授との対話を通じて、「政治学を捉えなおす」ことを試みたものです。

読者諸賢のご批判、ご教示を賜れれば、幸いです。

二〇二三年三月一日

共著者代表　櫻井 陽一

目次

序 …… 1

第一章　政治学、政治社会学への開眼
―政治社会発展の方向性を求めて― …… 13

時代の情況 …… 14
トックヴィル ―平等化と未来の展望― …… 20
松平齊光の実証主義 …… 26
西欧が科学の発展を先導したわけ …… 29
理性化の「法則」 …… 34
「人間の平等」から「社会契約」へ …… 37
デュヴェルジェの経験主義的モデル …… 42
「発展モデル」について …… 46

経験主義的修正モデル……49
グラムシとアルチュセール―マルクス主義の修正モデル―……55
発展論者の展望……61

第二章　政治の原理……67

政治の概念……68
国家の概念……72
国家の優位……75
「政治」＝「統制意思の定立に関する営為」の仕組み……80
政府・与党と野党の力関係……85
制度とは何か……87
自由民主制……89
独　裁　制……91
「制度上の主権」と「政治上の主権」……94
「主権在民」とは何か―「国民主権」と「人民主権」―……97

ナショナリズムとは何か……101
「国民の総意」とは何か……109
多数決制……111
多数決制度の論理と、戦略・戦術論を混同しないこと……116
代表制について……117

第三章　政治体制の経済的、社会的基礎
—経済社会の原理—……121

経済発展の三段階……123
・ステージ一＝自然経済モデル……123
・ステージ二＝貨幣経済モデル……125
・ステージ三＝エネルギー経済モデル……127
「支配」の意味……128
「政治権力」の意味……130

封建王国から市民革命への移行
―王の人民に対する「間接支配」から、「直接支配」へ― ……132
市民革命のメカニズム ……133
豊かに生きる道 ……135
価値を「所有」するための方法 ……137
① 略　奪 ……138
② 交　易 ……139
③ 生　産 ……141
④ もう一つの基本的要件としての、「政治の費用」 ……142
自然経済から貨幣経済への移行 ……146
自然経済から貨幣経済への移行期の態様 ……149

第四章　政治体制の多様性

―比較政治社会論― ……153
市場の論理と心理 ―共通点― ……154

前近代の支配者と近代の支配者との対立・闘争の段階……155
イデオロギーとしての宗教の影響……157
アメリカの特殊性……159
西ヨーロッパのイデオロギー的多元性……161
政治制度の違い……162
ロシアの「開発独裁」……167
東欧の場合……172
ソ連崩壊の原因 ―計画経済の効果と限界―……174
マルクス主義は科学か、ユートピアか……180
中国の場合……188
先進諸国の政治体制……194
・ステージ一……195
・ステージ二……196
・ステージ三……197
アメリカの現在……200
中国の現在……202

国際政治環境と日本……206

第五章　先進諸国の発展と、政治社会の構造変化……213

伝統的社会と近代的社会の特色……215
「ポスト産業社会」の構造変化……216
労働者階級の減少と多様化……217
技術進歩と構造的失業……218
移民の増大……219
新中間層の拡大と社会民主主義政党の成長……221
宗教的信仰の衰退……222
イデオロギーの終焉と政党の中道化……225
経済的不平等と、「階級投票」の低下……227
「地位の非一貫性の高まり」……228
投票行動の個人主義化……236

第六章　先進社会における豊かさと幸福
—結びに代えて—……239
あとがき……255
主要参考文献……259

第一章

政治学、政治社会学への開眼

―政治社会発展の方向性を求めて―

時代の情況

芝田　初めに、政治学、政治社会学に関心を抱くようになったころの時代と情況についてお聞かせ下さい。

櫻井　私が大学に入学したのは、一九六一年でした。その前年は、いわゆる「六〇年安保闘争」で、政界が騒然となり、岸信介（一八九六〈明治二九〉年－一九八七〈昭和六二〉年）首相が辞職して、池田勇人（一八九九〈明治三二〉年－一九六五〈昭和四〇〉年）内閣が発足した年です。一九六二年には「キューバ危機」があり、一九六三年にはケネディー（John Fitzgerald Kennedy：1917－1963）大統領の暗殺事件があり、国際的にはいわゆる「東西冷戦」の真っただ中、核戦争の脅威が差し迫っているように感じられた時代でした。

日本は、太平洋戦争中の「欲しがりません、勝つまでは」のスローガンの下、「滅私奉公」を強いられてきた人々が、その対極の、安全保障はアメリカに任せ、池田内閣の「所得倍増」路線に沿って、もっぱら、それまでは手に入れられなかった経済的豊かさを求め、高度経済成長路線を驀進していた時代でした。一九六四年の東海道新幹線の開通や東京オリンピックの開催は、その成果を内外に示した象徴的なイベントでした。

当時の政界は、「一と二分の一政党制」と言われたように、自由民主党が圧倒的な支配政党で、少数派の社会党・共産党という左翼の政党がこれに激しく対立していました。国民代表のこの構造は、日本国民の大多数が、戦前の反動として、国家主義や社会主義の価値よりも、今や公認されることになった「貧困からの脱却」と「経済的豊かさ」を求めるようになった、という意味で、価値観の大転換を遂げていたことを物語っている、と思います。

当時の大学も、この冷戦状況を過敏に反映していたように思われました。私が入った政治経済学部経済学科では、近代経済学とマルクス経済学の科目群が（したがって、教授陣も）併存しており、政治学科でも、マルクス主義派と啓蒙民主主義派が併存しているといった状況でした。

大学内では、新左翼の活動家学生が支配する学生自治会が、政治集会や学費闘争で、デモやストを常時行っており、ある政治経済研究サークルを主宰していた私は、思想・言論・学問の自由は、「学問の府」である大学でこそ、当然、実践すべきだと考え、アメリカ大使とソ連大使を招いて、講演会を開くことを、企画しました（ソ連大使からは断られましたが、アメリカ大使からは賛意を得たので、単独の後援会にして、開催の手続きをしました）が、学生の課外活動を監督する学生部長は、「予想される混乱」を理由に、開催を許可しませんでした。私は、抗議しましたが、受け入れられず、仕方なく、著名な政治学者、経済学者、新聞社の論説委員などを招いた講演会に切り替えなければならなかった、という経験があります。ことほど左様に、当時の大学は、日本社会全体のレベルでよりも鮮明に、米ソ冷戦の磁力を増幅させたような雰囲気であり、左翼政党指導の教職員組合の影響力は、学生にも感じられたほどでした。

芝田 今「一と二分の一政党制」と先生はおっしゃいました。政党制については、後で詳しく話して頂くM・デュヴェルジェ（Maurice Duverger : 1917－2014）の次の分類が有名ですね。

① 一党制―一つの政党だけが存在し、支配しているもの。

② 二大政党制―二つの強力な政党だけが支配し、政権をめぐって有効競争しているもの。

③ 多党制―三つ以上の政党が存在し、いずれもが過半数を制しておらず、連立によって政権が形成されているもの。

先生のおっしゃった「一と二分の一政党制」は、この①と②の間に入るわけですね。さらにその後、サルトーリ（Giovanni Sartori : 1924－2017）も以下のような分類を提示しました。

① 一党制―一つの政党のみ存在が可能という体制。さらにこれは、「全体主義一党制」、「権威主義一党制」、「プラグマティズム一党制」（実用的一党制）に分かれます。

② ヘゲモニー政党制―外見上複数政党が存在するが、政党間の平等な競合・競争は許されていないような体制。「ヘゲモニー」とは「覇権」という意味で、指導的な地位にある一党が実質的に圧倒的な地位を保持している体制で、恒常的に政権を担当しているもの。長所は政権が安定し、また長期化し、さらに強力な政治ができる点が挙げられ、また短所としては、少数幹部

による独裁政治の可能性や政策の固定化＝世論無視、さらには政権交代が不可能である点などが挙げられます。

以上の体制は政党間で相互に対等な競争を認めない体制ですので、「非競合的システム」や「非競合的政党制」とまとめられます。他方、「非競合」とは異なり、対等な競争が認められる「競合的システム」としては、以下の類型が示されます。

③　一党優位政党制―政党間の競合が一応はあるが、結果的に常に一党が多数議席を獲得して、なかなか政権交代が困難な状態、システムのこと。わが国の「一九五五年体制」（社会党左派右派の合同＝日本社会党の成立と、先述した自由党と民主党の合同＝自由民主党の成立の後の体制）下の日本国がこれにも当てはまるでしょう。一九五五年以後自由民主党が基本的に政権をずっと担ってきました。

④　二党制―イギリスやアメリカを見れば分かりますが、二大政党が絶対多数を目指し競合し合う体制。議会内では過半数勢力を獲得すればオッケーで単独政権を形成することになります。長所としては、政党の選択が容易であること、政局が安定すること、責任の所在が明確であること、そして政権交代が可能であることが挙げられます。が、短所としては、二つの政党しかないわけですから様々な問題を二分化せざるを得ない。なので、そうした二分化によって民意が不十分にしか吸収されない場合もある。ＡかＢか、伸るか反るか、半か丁か、イエスかノー

か、これだけではやはり民意を吸い上げるのには困難が伴います。

ところで、イギリスでは与党の政策に対して野党は議会で反対討論を一応しますが、日本のようにダラダラと反対し続けたり、夜中まで委員会を継続したり、といったことはあまりありません。それは、イギリスでは与党の政策が失敗した時に野党が「やはり失敗したではないか、だから次は我々の政党が政権を担うのだ」として実際に政権交代が起こるからです。つまり、イギリスの野党は、反対するだけの政党ではなく、きちんと代案、腹案をもって議論して、そのうえで与党案を通して実施させて、それが失敗したら次に政権を担う、という大きな存在感あるいは力量を持っているのです。要するに、野党がしっかりしているから与党案も反対ながらも通す、国民も政策がダメだったら次の野党政権に期待ができるのです。

⑤ 穏健な多党制（限定的多党制）―政党数が三～五程度で、その政党間の基本的な考え方や世界観、イデオロギーなどの「溝」が少ない状態での多党制。したがって、妥協的態度がそれらの間にはあり、求心的な方向に向かう傾向にあります。

⑥ 極端な多党制（分極的多党制）―「穏健な」とは違って「極端な」多党制で、政党数が六～八ほどあり、体制に根本から歯向かう反体制政党もそこには含まれている状態。さらに、政党間の基本的な考え方やイデオロギーの間に対立が存在し、ここでは政党が遠心的な方向に向かう傾向にあります。

⑦　原子化多党制―「極端な」を超えてさらにバラバラな政党がただ単に乱立、並存しているような多党制。わが国では想像しにくいですが、たとえば、広大な領土に様々な部族が存在し、様々な地域色が発色するところを各々代表する政党が、まるで「原子のように」数多く分立してうごめいているイメージですね。長所としては多様な民意を反映し得る点が挙げられますし、世論の変化による政権交代もまた可能ではありますが、短所としてはいつも連立政権で政局が不安定となる点、思い切った政策ができない点、また責任の擦り付け合いによって政治責任の所在があいまいとなる点、そして少数党が政治の主導権を握る可能性が出てくる点などが挙げられます。「少数党が主導権を握る」とは？　たとえば、今Ａ・Ｂ・Ｃの三つのグループがあっていよいよ採決に入ろうとしています。で、Ａが二〇人、Ｂも二〇人、Ｃが五人だとして、ＡとＢが妥協する余地はないとします。となると、カギとなるのはＣのグループ五人です。この五人がＡとＢのどちらかへ行くことで事が決着します。そうすると、ＡとＢは何とかＣと自分の派に連れ込み連立を組もうとする。この場合、多数派であるＡないしＢの意向よりＣのたった「五人」の意向が重視されてしまいます。で、このことをＣの五人も分かっていますから、Ａ・Ｂの主張する政策とは全く異なる主張を貫いて物事を進めようとします。とすると、いくら民主的に物事を進めていても結局Ｃの「五人」というごく少数の人々の意見が全体の意見となってしまう、つまりＣを取り込むために他の多数派がＣの意向を最優先してしまう、

ということになってしまうのです。こうなると「民主主義において少数派が多数派を制する」という逆説が成り立ってしまう訳ですね。

さて、政党制の話をしましたが、先生は先ほど述べられた状況の中で、政治と政治学への関心を高められたそうですが、当時、最も影響を受けた人物と思想は誰でしたか。

トックヴィル ―平等化と未来の展望―

櫻井　わたしは、マルクス主義の唯物史観や労働価値説に違和感を抱き、当時、日本の「論壇」で活躍が目立った、いわゆる「進歩的文化人」の言論にも、また、過ぎ去った戦前の体制を揶揄・糾弾し、当時の自民党支配をも「保守勢力」の延長と捉えて、もっぱら「理想化された」民主主義を叫ぶように見えた啓蒙派にも、全面的に同感することはありませんでした。青年は、一般に、成長過程で、彼を取り巻く現状の認識から、自分が生きることになる未来の展望を求めて模索するもの、と思われますが、私が未来社会の探究過程で頼りにしたのは、当時、日本の知識人の間で優勢だった啓蒙民主主義の「丸山シューレ」よりは、むしろ、トックヴィルでした。

当時の時代背景の下で、政治的に「社会化」され、思想形成面で影響を受けた年代の人々の多くは、現在でも、大学、言論界、出版界から、さらには、政界、官界、財界に至るまで、この時代の思考様式を持続し、活動している人々が少なくない、と見られますので、私のような事例は、むしろ少数派だったと言えるかも知れません。

トックヴィル（Alexis de Tocqueville：1805－1859）は、一八世紀末から続く一九世紀前半のフランスの政治的大変動（フランス大革命と、それに続くナポレオン（Napoléon Bonaparte：1769－1821）の帝政、王政復古、制限君主制＝七月王政、第二共和制、ルイ・ナポレオン（Charles Louis-Napoléon Bonaparte：1808－1873）の第二帝政への激変）の時代、新旧両派が激しく争っていた渦中に生きた思想家であり、政治家でもあった人物でした。彼は、自分の国が、民主革命の後、どんな世の中になるかを探ろうとして、当時民主主義の政治社会の唯一の実例を示していたと思われたアメリカに渡り、民主主義の政治と社会を、本を読んで、頭だけで想像するのでなく、自分の目と耳で実態を観察し、その特色と未来の可能性を探った人物でした。民主主義の思想は、リンカーン（Abraham Lincoln：1809－1865）によって、「人民の、人民による、人民のための統治」（Government of the People, by the People, for the People）として表現されましたが、実際には、その主権者である担い手が、「理想的な市民」であるとは限らず、大部分は、現在われわれが自分の隣に見ているような、「普通の人々」に、主権の行使を認める政治体制であり、社会体制である以上、理想と実態は、多かれ少なかれ、乖離するのはむしろ当然のことです。したがって、市民が現実に、民主主義の理論が想定しているような「理想的市民」にならない限り、衆愚政治も可能になる、こととなります。アメリカでは、連邦制や、地方自治、それに自発的結社への市民の積極的参加により、民主主義の経験を積み、民主主義の効用を実感できるため、見通しは明るい、とトックヴィルは見ましたが、民主主義の時代には、民衆を扇動する「民衆的独裁」も起こりうることを明らかにした点で、彼は、ポスト・デモクラー革命の予言者とも言われた人でした。

われわれが、この観点から、現在のアメリカをみるならば、世論の深い亀裂や、「ポピュリズム」（＝大衆迎合主義）の危うさが指摘されている事実からしても、この国ですら「デモクラシー」を理想的に具現しているわけではないことが、分かります。

さて、トックヴィルは、また、未来の展望を得るため、「ヨーロッパの歴史」を研究し、そこから、「諸条件の平等」化が歴史の発展の不可抗の流れである、という方向性を見出しました。そして、フランス革命のような貴族制・君主制から民主制への移行は、必然である、と考え、彼の同時代のフランスが、この移行過程の真っただ中の混乱期にある、と捉えたのです。そして、民主化の中で、衆愚政治や大衆的独裁ではなく、人間の尊厳を確保できる「自由な」民主政治を確立するためには、何が必要か、を考究した人でした。

彼は、「二月革命」期に現れた社会主義革命家たちの運動を見て、以下のように述べています。

「国民全体が政治的な大変動を経験する時、その市民の全員が一斉に停止することは望みえない。必要な、あるいは、有益な革新を求める正当な要求は、常に、少数者によって新しさを求める無謀な欲求に変えられる。実現可能なことが成就された後には、常に、不可能なことを試みようとする者が残る。……さらに、歴史はわれわれに次のことを示している。革命の諸原理をあらゆる面で極端にまで推し進めようとする、それ自身革命から生まれたこれらの異常な思想、および常軌を逸した徒党は、通例、大きな革命的変動が沈静化し始め、新しい社会が固まりつつあるまさにその時にのみ現れた、ということを。これらの革命家たちに会い、その話を聞く者は、誰でも、国民が港に向かっている時に、その国民は、新たな、いっそう激しい航海に乗り出そうとしているのではないか、と思うであろう。」

敗戦による日本の民主体制への移行も、私には、このような混乱期の描写と重なるように見えたのです。

一九六〇年代の日本の左翼運動は、有権者全体のレベルでも、大学という小宇宙の中でも、ヴォーカル・マイノリティー（声高な少数者）の運動でした。サイレント・マジョリティー（物言わぬ多数者）は、選挙ごとに自由民主党を支持していましたし、大学生の多数も、高度成長時代の有利な就職先を求めて、勉強に、運動に、遊びに、エネルギーを注いでいたのです。

戦後、西欧先進諸国では、経済成長と社会政策の推進により、福祉国家を発展させてきました。そうした変化の中で、私有財産の廃止を叫ぶ革命的言動を特徴とする政治勢力は勢いを失い、退

『デモクラシーのディレンマ』
（荒地出版社，1970年）

潮しました。左翼政党の中には、政策のみならず、党名をも変更してしまったものもあるのも、偶然ではないでしょう。わが国の現在までの変遷も、同様な趨勢にあるように思われます。

芝田　丸山真男よりもトックヴィルの影響が先生には大きかったのですね。今でこそ批判が噴出していますが当時は啓蒙主義の「丸山政治学」、あるいはマルクス主義は、少なくともアカデミズムでは全盛の時代だったと思います。が、そうした時代の中でその流れに掉さすことなくトックヴィルに傾倒されたというのは、先生の直感的な「慧眼」かと思います。なお、先生は明治大学の助手時代にトックヴィルの研究書であるシーモア・ドレッシャー『デモクラシーのディレンマ』（荒地出版社、一九七〇年）を翻訳・出版されています。

ところで、丸山真男（一九一四〈大正三〉年－一九九六〈平成八〉年）ですが、彼は戦後日本の政治学をリードした政治学者、思想史家です。私が明治大学の大学院博士後期課程在籍中（二年生）の時に亡くなりました。彼は一九三七（昭和一二）年に東京帝国大学法学部を卒業後、戦争を挟んで一九七一年の辞職に至るまで同学部で教鞭をとりましたが、その間に数多くので研究業績をあげ、また多くの教え子、研究者を育て、その研究者集団は「丸山学派」「丸山シューレ」とも呼ばれました。「超国家主義の論理と心理」や『日本の思想』はあまりにも有名です。

また、今のお話の中で「政治的社会化」(political socialization) という言葉も出てきました。「政治的社会化」とは、個人が政治について意見を持つようになり、政治的価値観を習得し、政治的行動のパターンを習得していくことを言い、その「担い手」(agent) は多様で、家庭、仲間集団、学校、マスメディア、政党などが挙げられます。「政治的社会化」についての研究は、初期には幼児期の社会化が強調される傾向がありましたが、最近では生涯を通じて継続的に行われるとされています。また、政治システムを作動させる「国民の養成」もまた政治的社会化の果たす機能の一つと言われています。いずれにしても、先生はそうではなかったのですが、当時の多くの若者は啓蒙主義、マルクス主義、あるいは左派の思想の影響下で政治的社会化を果たし、それが現在にまで尾を引いているのではとおっしゃるわけですね。

それと先生のお話の中でトックヴィルの「民衆的独裁」について言及されましたが、彼と往復書簡を交わしたイギリスの思想家J・S・ミル (John Stuart Mill：1806－1873) も同じようなことを言っていました。ミルが説いた「多数者の専制」や「凡庸化への圧力」などは、一〇〇年以上前の指摘であるにも拘わらず現代でも学ぶべき事柄だと思います。

ところで話を戻しまして、そのほかに影響を受けた思想家、あるいは政治学者にはどんな人物がいますか？

松平齊光の実証主義

櫻井　歴史の発展方向については、唯物史観ではなく、たとえば、一九世紀初頭、オーギュスト・コント（Auguste Comte：1798－1857）の説いた人間精神の発展に関する有名な「三段階説」も妥当だと思いました。コントが、人間精神は、神学的・虚構的な精神形態から、哲学的・抽象的な形態を経て、経験的・実証的な形態が優勢になる方向へと進化してゆく、と、説いていたことは、周知のとおりです。日本では、「大日本帝国憲法」の制定の場合と同じく、社会科学の場合も、ヨーロッパの中では近代化の遅れた、ドイツの哲学的な学問（カント（Immanuel Kant：1724－1804）や、ヘーゲル（Georg Wilhelm Friedrich Hegel：1770－1831）や、マルクス（Karl Marx：1818－1883）の哲学）の影響を強く刻印されてきました。戦後は、戦勝国アメリカの影響下にあったことと関係して、「市場原理主義」や「プラグマティズム」の色合いの濃い学者たちが、少なくないことも、明らかです。

そうした状況の下、早くも大正時代から、フランス実証主義の学風を受けた松平齊光（一八九七〈明治三〇〉年－一九七九〈昭和五四〉年）博士には、多大な影響を受けました。松平博士（以下、松平、と略す）は、青年時代に、ルソー（Jean-Jacques Rousseau：1712－1778）の理想主義的民主主義の研究から始め、一〇年間におよぶフランス留学を経て、フランス啓蒙思想の研究を大成し、ヴォルテール（Voltaire：1694－1778）の、「自由な検討を通じての実証主義」に学ぶとともに、西欧の二〇〇〇年にわたる政治思想史研究を大成した人でした。その特色は、思想史を、体系化された哲学的な学説の、諸概念や論理を分析したり、継承関係を跡付けたりするだけでなく、実際の政治や、経済・社会生活、歴史・文化など、人間生活の実態との関連で明らかにしようとする、総合的な「文化史的研究」でした。簡単にいえば、いつの世でも、人間が生きるためには、食い、着、住み、性交するのが必須であり、歴史上の大思想と言えるものも、すべて、生きる上で出会うこれらの条件の上に生ずる不満がバネとなっていることを、見逃さないようにすることが重要である、ということを、説いたものでした。文字通り社会（科）学的なアプローチであったといえましょう。

松平の業績として特に注目すべきは、日本の「祭」の研究でした。これは、日本の村落の祭を、全国的に調査し、多くの事例をフランス社会学、特にデュルケーム学派の手法で比較分析し、日本人の「神」観念を明確化し、日本の村落から、日本社会そのものまでに至る、文化や社会構造・政治構造、さらには天皇制の特色まで言及する、松平政治社会学の独創的特色を遺憾なく発揮した研究でした。

芝田　先生が多大な薫陶を受けた恩師の松平齊光氏は貴族出身で、四〇歳になるまでフランス

『松平齊光における
政治科学と天皇制』
（芦書房，2010年）

に遊学したり、好きな本を読んで研究し、本を書いたりして実に自由な生活を送っていたようですが、そろそろ社会に貢献しなければということで四〇を超えてようやく大学に就職し教員として仕事をし始めたと伺っています。松平氏がなぜ貴族かというと、親が松平斉、祖父が松平斉民、そして曾祖父が、かの松平定信に「寛政の改革」を実施させた一一代将軍の徳川家斉だったから、とのこと。松平氏は、今は廃止になりましたが戦前の貴族の男爵で、貴族院議員として現行憲法の審議にも関与した方でした。なお、「松平政治学」については、先生のご著書『松平齊光における政治科学と天皇制』（芦書房、二〇一〇年）に詳しいです。

また、話に出てきましたヴォルテールと言えば、「私はあなたの意見には反対だ、だがあなたがそれを主張する権利は命をかけて守る」の言葉が想起されます。まさに、「同調圧力」や「KY」が跋扈し、異論に対しては容赦のない攻撃が加えられて沈黙を強いる今の日本の状況にこそ復権すべき言葉だと思います。

ところで、歴史の発展の方向性については、松平の展望はどんなものだったのですか？

西欧が科学の発展を先導したわけ

櫻井　地球上で、初めて「近代国家」を生みだした地域が西欧であったことは、地球上のどの地域のエスノセントリスト（自民族中心主義者）でも認めざるを得ません。最近まで、「先進国」として、その存在を認めさせてきたこの特異な発展は、どこから来ているのか。「西欧近代国家」の解明は、社会・経済的、政治的、法制的、思想・文化的、および歴史的な、つまりは、多角的な分析と総合による説明を要する問題ですが、松平が取り組んだ仕事の一つが、まさに、このテーマであったといえます。

松平は、最近に至るまで、西欧を世界の最先進国としていた決定的要因は、「科学」の発達であったと見ていました。そして、その根源には、個物と普遍、現実と理想、個人と社会の関係、およびその「発展」の問題について、深い考え方を育ててゆく潜在能力を持っていた古代ギリシャの「概念哲学」と、キリスト教との結合という、「思想的要因」があった、と理解していました。西洋を先進国とした要因には、もちろん、思想だけではなく、経済や政治史や地政学的要因が関係しており、松平は、それらとの深い関係も捉えていましたが、ここでは、彼の専門中の専門領域である思想面に焦点を当てましょう。

松平は、キリスト教の思想史的展開を概観し、科学の発展の仕組みを、以下のように、分かりやすく説明しています。

イエス・キリストが出て三〇〇年余を経て、「三位一体」説を確立し、それまでの雑多な神霊観を克服した「ニケア宗教会議」（西暦三二五年）から、さらに九〇〇年を経て、トマス・アクイナス（Thomas Aquinas：1225?－1274）が出て、アリストテレス（Aristotelēs：B.C.384－B.C.322）の概念哲学を援用し、キリスト教を体系化した『神学大全』によって、確立されたキリスト教神学が、ルネッサンス運動、ことに、F・ベーコン（Francis Bacon：1561－1626）の「唯名論」によって、根底から批判され、動揺するに至る、一五〇〇年に及ぶ長い歴史は、西欧において、「科学的思考」と、「科学研究への情熱」を育んだ、と展望しました。

松平は、その理由を、日本に見られるような多神教的神霊観と、キリスト教に見られる一神教的神霊観との対比によって、分かりやすく次のように説明したのです。

日本に見られるような多神教の「神霊」観においては、神霊について、

① 数多くの異種を認める。

② 各種の神霊の間に、一定の秩序がない。

③ 各神霊は、各々が神である。

と考えます。

これに対し、キリスト教の神霊観では、

①　一種類の神霊のみを認める。

②　一種類の神霊は、一個の絶対的神霊によって統制され、厳格な階層秩序を保っている。

③　唯一絶対の本源的神霊のみが「神」である。

と考えます。

キリスト教の神霊観においては、「一種類の神霊」の中には、唯一至上の本源的神霊のほかに、①天使、②悪魔、③その他の神霊がある、と考えます。天使は神から遣わされ、人間の精神（＝神霊）に働きかけ、神の御業を助ける神霊であり、悪魔は、傲慢の過ちにより堕落した天使であり、神に反抗する神霊である、とされています。その他の神霊は、物質と結合して、種々の「自然物」となり、神の秩序に従う、とされています。それらは、精神（＝神霊）と物質との配合比率により、人間・禽獣・植物・鉱物に分かれ、階層化され、互いに混合・融通することがなく、これらの神霊は、すべて、唯一至上の本源的神霊による支配の外部にあることはできない、とされていました。トマス・アクイナスの世界観の基本は、このようなものでした。

「唯一至上の神」によってデザインされ、創造され、支配される、とされたこの世界は、神性（精神性）の度合いによって、価値の上でもピラミッド型に整序された世界として概念化され、人間を含む「自然」界の発生も、現存も、神意の下に置かれることとなりました。

しかし、論理的に整然と提示されたこの「先験的な」説明は、人間の感覚能力によって確認される個物の実在性しか認めない「唯名論」哲学の台頭によって、根底から疑問視されることとなります。「自然」界が「神意」によって設計され、創造され、支配されているかどうかは、人間の眼や耳や手では確かめられません。この神学による説明が不確かになれば、われわれの前には、ただ、自存し自動する、意味のない世界が広がっているのが認められるばかりとなり、人間は根源的な不安に陥れられることになります。この不安に対処するには、もはや、「人間の自然」（human nature＝人間性）に備わった「感覚」と「理性」によってこの自然界を支配する、とされる「神意」を、いな、「法則」を、経験科学的態度によって探究し、解明し、体系化するほかに道はありません。それまでは世界を支配するとされてきた「神の意思」を、「人間の理知」によって、経験的に、論理的に、体系的に明らかにしようとする、この情熱こそ、西欧における科学研究の発展の心理的なバネとなった、というのが、松平の理解でした。彼は、「多神教の雑多な神霊観・世界観のうちに放置されていたならば、法則発見に狂奔する科学者の情熱は生まれなかっただろう」と述べています。

この観点から、思想史を眺めてみれば、イタリアのルネサンス時代の、たとえば、マキアヴェリ（Niccolò Machiavelli：1469－1527）の『君主論』や、一七世紀フランスの、モリエール（Molière：1622－1673）、ラシーヌ（Jean Baptiste Racine：1639－1699）、ラロシュフコー

（Rochefoucauld：1613－1680）など「人間性」の辛辣な探究者たちから、一九世紀のモーパッサン（Maupassant：1850－1893）やゾラ（Émile Zola：1840－1902）など、「自然主義」の文学者たちの営みまで、この観察に基づく人間性や、社会や政治の真相解明の情熱と深く関係していることが理解できると思います。また、ルネッサンスの芸術面では、それまでの宗教画とは対照的に、人間の目によって率直に賛美される人体や自然の美が、観察と分析によって、つまり、人間の「感覚と理性」によって、追求されているのが、特徴的です。レオナルド・ダ・ヴィンチ（Leonardo da Vinci：1452－1519）は、その代表的芸術家でした。

芝田　マキアヴェリは、政治学では「近代政治学の祖」と位置付けられています。それは、カトリックに凝縮された既成の権威を必ずしも重視せず、人間の自由な生き方を追求するのを主眼とし、そのための多少の非倫理性にもある程度寛容となったルネサンスの時期に、彼が「ナマモノ」としての人間の社会、政治社会の認識に道を開いたことによります。すなわち、赤裸々な人間やその力が交錯する場として社会が変化し、政治は『聖書』や教会、教義の枠組みの中だけでは把握し得ない、拘束統御できない領域・空間となって、非常に現実主義の視点で政治というものを扱わなければならなくなった。言い換えれば、宗教や道徳に飲みこまれない「政治」の領域、それらから独立した「政治」という空間、あるいは「政治の自律性」が生じた。マキアヴェリはこのような現実的な政治認識をしたがゆえに「近代政治学の祖」と言われるわけです。先ほど先生がお話になった思想史の流れに沿っています。政治を「武力や権謀術数を駆使して秩序をつくる君主の技」と定義したのにも納得します。

ところで、先ほど述べられたこうした科学の発展がどうして政治や社会の発展につながると説明したのでしょうか?

理性化の「法則」

櫻井 松平は、西欧史上に見られる、以上のような長期にわたる精神の発展は、人間心理の「理性化」の傾向を示すものであると捉え、これを「理性化の法則」と呼んでいます。これは、魔術師や神学者の判断や説明よりも、「人間の理性」によって納得できる説明のほうが信用できると思う人が増えてくる、ということを意味しています。この傾向はマックス・ウェーバー(Max Weber : 1864−1920)が「合理化」、「呪術からの解放」と呼んで指摘した、歴史的動向と重なり合います。ウェーバーが、政治学の分野では、統治能力を高める機能的「合理性」の探求が「官僚制化」の発達につながったとみたことや、近代国家が「合法的支配」として成立したことを、この「合理化(=理性化)」の発現と捉えていたことは、よく知られています。松平も、この「理性化」を、「普遍的傾向」と見ていました。彼がこれを「法則」と呼んだのは、人類社会一般に適用できる法則と考えたからです。ということは、人間の社会は、「遅かれ早かれ」理性化してゆく、という進化論的展望を、彼も持っていたということを意味しています。松平は、神霊の支配する世界は、時の経過につれて進む理性化によって、だんだんその支配領域を縮小してゆく、と見たのです。しかし、社会学者でもあった松平は、神霊の世界が人間の心理から消滅することはない、とも考えていました。「所与の社会の中でも、諸社会の間でも、先端を走る分子が理性化しても、旧い心理の世界に生きる層が残る」、と見たからであり、デュルケーム学派の社会学者のように、「古いものほど、長続きする」、と考えていたからです。

これを分かりやすいイメージとして例示するならば、ある時点、あるいは、ある時代を選んで、社会の断面を切ってみると、絵画や音楽などの愛好家が、古い、あるいは伝統的なそれらを好む者から、中間の諸段階をはさんで、斬新な、あるいは前衛的な、絵画や音楽を愛好する者に至るまで、層をなしているように、古い心理から新しい心理までが、いくつかの層をなしていることが分かります。松平は、こうして、「理性化の法則」とは、「理性化の進んだ心理が、社会の指導的心理となっている、あるいは、なってくる」、ということを意味しており、これを言い換えれば、「社会心理の複雑化」を意味する、とも述べています。

この見解は、神霊の支配する古い心理を、過去の「前近代社会」の「迷妄」と断じ、ひたすら、理性の支配する近代社会の建設、あるいは、近代化を志向する「改革」に夢を託す「啓蒙派」知識人とは異なり、松平が社会「科学者」としてのリアリズムを持っていた人であったことを示すものです。このことはまた、近代啓蒙思想や啓蒙派知識人（日本では、福沢諭吉や丸山真男など）が、近代化への変化期に、つまり、まだ十分に近代化を遂げていない時代に、情熱的な「時務論者」として、立ち現れる歴史現象である、ということを意味していると言えるでしょう。

また、この視点から世界を眺めてみるならば、二一世紀の現在でも、宗教的権威が政治の実権を握ったままの国々、たとえば、イスラム法学者が政治の最高権力を握るイラン、宗教的過激派タリバンが支配するアフガニスタン、シーア派とスンニ派という、両宗派間の闘争が、政治闘争になっているイラク、などなど、実際の低開発諸国や開発途上諸国の数の多さに気づくことでしょう。また、こうした国々ばかりでなく現代の、いわゆる「先進諸国」でも、近代的政治機構を備え、運用するに至ってはいるが、伝統的宗教ばかりか新興諸宗教まで、政治の代表構造に食い込んでいる事実に気づくはずです。さらにまた、逆に西欧の歴史を振り返って眺めてみるならば、五世紀後半からフランク族を統一し、自らカトリックに改宗して、暴力だけではなく、「神権」による統治を確立したフランク王国のクローヴィス一世（Clovis Premier：466?－511）、西ヨーロッパを「軍事的に」平定し、八〇〇年に、ローマ教皇から「神の統治権」を授けられたカール大帝（Karl der Große/Charlemagne：742?－814）、一六世紀～一七世紀の西欧において、キリスト教の新旧両教派間で激しく戦われた宗教戦争、などなど、デジャ・ヴュ（既視感）にとられない人はいないのではないでしょうか。

芝田　トックヴィルは、「諸条件の平等」という言葉で、平等化が歴史の不可抗の趨勢だろうと考えたようですが、松平齊光は、この平等化については、どのように考えていたのですか？

「人間の平等」から「社会契約」へ

櫻井　トックヴィルと同じく松平も、政治思想史家として、平等化を近代化の重要な思想的傾向として捉えていました。彼は、キリスト教の「神の前の平等」の観念が、「この世」における「人間の平等」の主張へと、「世俗化」され、「人権宣言」へと発展し、近代社会の世俗生活（＝政治生活）の指導理念となり、制度の原理となり、あるいは、そうなってくるとみただけでなく、「平等」概念の政治思想としてのカラクリをも、冷静に分析して、西欧のような思想上の歴史的経験をもたなかったわが国の人々の「平等」観念についての理解にも寄与しています。

彼はまず、人間の「平等」（equality＝同じ）ということは、「事実」ではない、ということに注意を促しました。人は、老若男女、身体的・性格的・知能的、経済的などなど、諸条件において皆、異なった個性を持っており、世界中に同じ人は一人もいない、という、当たり前の「事実」を指摘するのです。これに対し、「人間の平等」という概念は、「ホモ・サピエンス」としての身体的共通点に基づく生物学的・医学的「人間」概念とも異なり、人間の持つ、あるいくつかの共通点「だけ」を取り出し、それ以外のすべてを捨象して得られた「抽象概念」であることを押さえておくことが肝要である、と説きました。松平によれば、それは、多数の人間を一つの結合体に結集するための、制度論・組織論上の要請として造られた概念なのです。キリスト教では、「宿罪」と「救済」以外の差別をすべて捨象して、「人間」の概念を造り、「人類」の「愛の結合体」としての「普遍（カトリック）教会」を造ったのであり、近代では、「自己保存」と「福祉追求」に、「人間の」共通性を求め、それらの実現に役立つと考えられた結合体＝「近代民主国家」の仕組みを造ろうとした。現代の世界における民主化の動向も、それの延長線上にある、と彼は説いたのです。

この近代民主政治の理論的基礎は、ホッブズ（Thomas Hobbes : 1588－1679）、ロック（John Locke : 1632－1704）、ルソーなどの「社会契約論」によって築かれたことは、よく知られています。が、松平は、これらの理論そのものが、キリスト教に由来している事実を指摘し、特に、プロテスタントの政治理論を、古代ギリシャの民主政治（＝奴隷制度を当然として認めていた民主政治）とは異なる「近代の民主政治」の理論の苗床として位置づける見解をわれわれに示したのです。すなわち、プロテスタントは、ローマ教皇の、「神の代理人」としての地位を否認し、人間の良心を支配することができるのは、ただ神のみであることを主張しました。しかし、教皇に認められてきた、神の意思の解釈権を否認したのでは、何によって神の声を知ることができるのか、という疑問が起こってきます。プロテスタントは、われわれの内に宿る良心と、聖書とが神の声を伝えるただ二つのものである、としました（たとえば、ルター（Martin Luther：1483－1546）の「万人司祭」論）。聖書は、神の意思の客観的原則を示し、各人の良心がその個別的適用を示す、としたのです。

政治権力が神に由来するものであり、統治者に服従することは神に服従することに等しいとする点では、カトリックの理論と異なるものではありませんが、プロテスタントの理論では、ただ、神が本当に承認した権力者であるかどうかを判定する主体が教皇ではなくて、服従者自身である、と見るところに、大きな違いがありました。この理論では、個人が教皇にとって代わっています。しかし、統治権を受容するか否かの判定が、個々人の主観によって決まるということになれば、客観性は失われてしまい、したがって、また、社会秩序を保つことは、不可能になります。そこから、個々人が結合して造る集団に、神権授与の大任を負わせようとする試みがなされるようになりました。

「民の声は、神の声」（Vox populi, vox Dei）となったわけです。この「民」は、理論的には、「人民団」（universitas populi）と呼ばれましたが、現実には、個々の教会に結集する会衆、あるいは、それらの地方的連合体、あるいはまた、一団の全人民が、「便宜的に」一個の客観的

「個人」とみなされることになったのです。しかし、それだけでは、十分な秩序を形成することはできません。そこから、どうしたら、「多くの」個々人が「一個の」団体に結集することができるか、その方法が考究されねばならなくなります。それは、個々の雑多な意思を、どうしたら「一個の意思」に一致させることができるかということであり、その方法こそ「社会契約」論にほかならないのです。

このように論じて、松平は、プロテスタントの神権授与の理論は、「社会契約をもって、授与の手続きと見ることにならざるをえない。」として、近代民主政治制度の「理論的」由来を説明したのです。

社会契約論は「自己保存と福祉追求」、言い換えれば、「個人として、暮らしに困らないで生きてゆく」という目的において共通する個々人が、この共通する目的達成のため、各人の持てる「力」の全部（ルソーの場合）、または大部分（ロックの場合）を出し合って、全員一致の結合契約（社会契約）を結び、最強の「力」をもった国家を作り、それに従うことを約した契約であった、と説いた理論です。その目的は、もはや、来世の救済ではなく、脱宗教的・世俗的な価値の追求となっており、この点で、近代国家の特質を、理論的に基礎づけたものとなりました。その代表的な思想家ルソーやジョン・ロックは、プロテスタントでした。

芝田　「自己保存と福祉追求」、つまり、人間が個人として幸福に生きてゆくという目的では

「平等＝同じ」、とされる人々＝「市民」に、国家意思の最高決定権（主権）を認め、行使させることが、近代の民主主義の原理であり、それが政治の目標であり、歴史の発展の方向である、とする見解は、正当な見解であろう、と理解できますし、先進諸国がその理想に向かって進んでおり、努力していることも分かりますが、その理想の達成は、社会・経済的条件、文化的伝統、国際関係など、諸条件によって左右されやすいようにも見えます。先進諸国においてすら、近年、格差の拡大や世論の分裂に起因するポピュリズム（大衆迎合主義）と呼ばれる現象が目につきますので、トックヴィルや松平のような「リアリズムに基づく慎重なオプティミズム」を持って、政治の「科学的研究」を進めることの大切さが、分かったような気がします。

以上の歴史発展の見方は、いわゆる西欧の自由主義的民主主義者の価値観に沿う見解でもあると理解しますが、冷戦時代に盛んに主張され、今日でも、マルクス主義の思想・理論・諸概念を国家の体制の観念的支柱として用いているように見える新興諸国や、先進諸国の中のマルクス主義的左翼諸政党の観念的支柱となっているように見える理論については、どのように理解し、評価すべきでしょうか。

デュヴェルジェの経験主義的モデル

櫻井　このテーマについては、米ソの冷戦時代に、マルクス主義の政治理論を経験的事実の観察に基づいて検討したM・デュヴェルジェの見解が参考になると思います。この政治学者は、パリ大学教授として、政治学や憲法学を教授する傍ら、『ル・モンド』紙上で、時事問題についても健筆を揮い、世界的にオピニオン・リーダーの一人として、影響を博した人でした。一九六六年には、フランス政府の文化使節として来日し、その時、大学院の学生だった私は、日本側の受け入れ機関であった「日仏政治学会」の会長だった松平教授のカバン持ちで、デュヴェルジェに面会し、その講演を聞いた経験があります。南原繁、松本馨ほか、そうそうたる学者たちも出席していたその講演の際、松平教授は、デュヴェルジェに、「デモクラシーとは何ですか?」という質問をし、デュヴェルジェが、「あまりに大きな問題で、即答はできません。」と答えたのを記憶しています。松平教授は、のちに「彼はH・ラスキ（Harold Joseph Laski : 1893－1950）に似ている」と評したのを覚えています。私の抱いた印象は、「プラスチックでできた体をもった透明人間のような、知性のかたまり」という印象でした。

彼は、全体社会に関するマルクス主義理論モデル（後述のグラムシやアルチュセールなどの修正主義も含む）と西洋の非マルクス主義の理論モデル（自由主義の理想主義モデルや発展モデル）から、事実観察に基づくそれらのモデルの批判・検討を通じて、修正を加え、社会システム（＝全体社会）の一般的理論モデルを提案しました。

彼はまず、一般的な諸モデルに組み込まれている社会システム（S）内の四つの本質的な変数（＝可変的要素）を指定します。その第一は、経済（E）で、マルクス主義の生産力、「発展論者」の技術発展・経済発展に当たります。第二は、社会階級（C）で、社会内の不平等とその世襲的な永続化の傾向を指します。第三は、イデオロギー（I）で、当該社会の基礎として役立っている基本的な価値体系を指します。第四は、広義の政治組織（P）で、その総体は、権力の役割を定義し、有資格者によるその行使を可能にする政治制度、社会成員をこれに従わせる諸制度（司法や強制機構も含む）に当たります。彼は、社会システム（S）は、これらのほかにも、多くの変数を含む、としています。

たとえば、システムへの加担の程度（D・イーストン（David Easton：1917－2014）の「支持」）、歴史の展開過程での経験から生ずるいろいろな意識や文化的モデル、当該システムの環境をなす外部の諸システム（＝諸外国）からの圧力、等々。これらの変数は、一時的あるいは例外的状況を除いては、あるいは、きわめて特殊な集団の場合を除いては、つまり、「一般的には」、四大変数に比べて、二次的である、としています。たとえば、歴史意識と文化モデルは、フラン

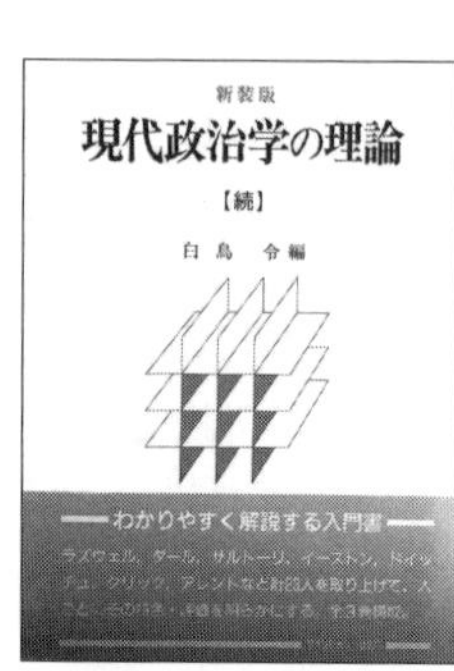

『現代政治学の理論（続）』
（早稲田大学出版部, 1985年）

ス学士院を保守的にしており、日本の敗戦は、日本人の防衛意識に影響をあたえている、という風に。また、外圧は、外交や通商活動に影響をあたえる、というように。四大変数は、相互にどのような関係にあるかについては、マルクス主義では、経済（E）は、階級関係（C）の基礎であるとされています。IとPはいわゆる「上部構造」であり、それらは、「下部構造」から生じ、それによって決定づけられる、とされます。したがって、これら変数間の作用の方向性は、下部構造（E→C）→上部構造（I＋P）で表せます。この（I＋P）について、マルクスは、これらの発生順序については書いておらず、ブロックと考えていますが、（I）は階級状況を正当化し、特権階級による支配を維持するために作用すると考え、政治的・法的機構（P）は、この支配の維持手段とみられていますから、論理的には、（I）が先行すると見ることができます。ゆえに、カッコをはずして、

E→C→I→P（式一）

と書けます。

芝田　先生は白鳥令編『現代政治学の理論（続）』（早稲田大学出版部、一九八五年）の中で

デュヴェルジェについての論文も発表されていますね。ところで、今のデュヴェルジェのお話の中でアメリカのシカゴ学派のイーストンの名前が出てきました。イーストンは「政治体系論」(political system) を提唱し、理論を欠いたまま素朴な実証主義に陥りがちであった初期の行動論的政治学を修正しようと、社会学者パーソンズ (Talcott Parsons : 1902－1979) らが提唱した「社会体系論」的アプローチをもって経験的な一般理論を構築しようとしました。イーストンは法学的、制度論的な国家概念にかえて政治システムを単位に政治現象を捉える枠組みを作りました。政治体系 (政治システム) は、「環境」(国民や外部) からの「要求」という「入力」(input) を受けると、それに対応して政策を決定し、「環境」への「出力」(output) とします。政策が国民の「要求」に合致したものならば、先ほど先生がおっしゃった「支持」となって表れるし、そうでない場合は再び「要求」となって「入力」されます。そこでは、「支持」が得られるように政策が修正されますが、それが「フィードバック」であり、その作用を通じて政治体系 (政治システム) の調整が図られます。そして政治体系 (政治システム) の存続はこのような過程を通じて為される、というのがイーストンの主張です。

話を戻しまして、それでは、デュヴェルジェの「発展モデル」についての見解は、どうですか?

「発展モデル」について

櫻井　R・アロン（Raymond Claude Ferdinand Aron：1905−1983）、R・ダーレンドルフ（Ralph Gustav Dahrendorf：1929−2009）、W・W・ロストウ（Walt Whitman Rostow：1916−2003）などの名で知られる発展理論は、資本家と労働者との「生産関係」については、マルクス主義者と同じ理解に立っているわけではありません。生産力の発展と生産関係の進化から生ずるイデオロギーについても、マルクス主義と同じ考えではありません。マルクス主義は、生産力の発展は、労働者階級の貧困化をもたらし、自由主義イデオロギーは、ブルジョアジーの支配を偽装し、正当化する、と主張しますが、発展論者は、これと「反対に」、技術進歩が社会的地位の多様化と接近をもたらし、階級対立を緩和する、と考えています。

けれども、デュヴェルジェは、発展論者のモデルにおいても、社会システムの一般的メカニズムは、同じ諸変数を組み合わせており、依存の方向も同じ、順序もほとんど同じだから、同じ（式一）が当てはまる、としています。ただし、デュヴェルジェは、この式は次の二条件の下でしか妥当しない、と考えています。第一に、矢印↓は主な依存の方向を指すのであって、排他的な依存を指すのではない。上部構造の基礎に対する反作用、階級関係の生産力に対する反作用、階級関係に対するイデオロギーの反作用、政治・法機構のイデオロギーに対する反作用が常に存在する、と考えます。第二に、依存は、必ずしも、ある変数から別のある変数へ、という筋道で成り立つのではない。それは、「主な」依存、あるいは、「主な」遡及を表すのであって、一つ、ないしはそれ以上の、中間変数を飛び越えて成り立つ場合もある、としています。たとえば、生産力は、階級の媒介なしにイデオロギーの若干の要素に直接影響を及ぼす、としています。産業社会に見られる生産性第一主義や、進歩の神話などは、その例です。彼は、また、生産力は、政治・法制度の若干の要素に、階級とイデオロギーを飛び越えて作用する、としています。経済計画や規制などがその例です。さらに、また、階級構造も、この政治・法機構の若干の要素に、イデオロギーを媒介せずに直接作用する、としています。たとえば、自由平等のイデオロギーが正統思想であっても、階級の不平等があれば、制限選挙、代表の不平等、教育・文化面での社会的差別などに作用する、といった結果にあらわれるのが、その例です。こうして、彼は、（式一）は単に諸変数の「主な」方向と順序を示すにすぎない、として、図式を「柔軟化」するのです。

さらに、デュヴェルジェは、これらに第五の変数を追加しています。「文化的仕切り壁」(Barrage culturel) と称するものがそれです。この要素（B）は、歴史発展の中で生まれた経験であり、意識を形成し、予断・偏見を生みだし、革新に対する抵抗として保持される傾向のある行動モデルを生み出す作用がある、とされています。（E→C→I→P）の「主な」動向は、

（B）の慣性に衝突して全体社会（S）を不断に変化させる傾向があるが、（B）は、実際には、不浸透の壁というよりもむしろ、革新の過程を緩和し、その若干の要素しか通さず、通した諸要素を過去から由来する意識や行動モデルと混合するフィルターやブレーキとして機能する、とされています。全体社会（S）は、これらの作用の合成として結果する、とされています。たとえば、生産力のなかの（B）は、現存の生産方法・手段への執着をもたらし、社会階級内の（B）は、過去のイメージを通して自分を見るため、自分の現状を意識するのを困難にする、とされます。イデオロギーの中の（B）は、既成の思想・価値観への執着として現れる、と、されます。政治機構の中の（B）は、現存制度の持続性として現れる、とされています。革新の動きと、文化的仕切り壁の慣性との比重は、変数により、また、社会システムにより同じではないが、両方とも、どこでも共存している、とされるのです。

このモデルをみて、私は、政治現象を観察する際、ある時代に生きた世代が、世代交代によって、世の中が変ってゆく時間の経過の中で、旧い時代の思想や習慣をそのまま持ち続け、世代間ギャップをもたらし、世代間摩擦を起こす現象を想起します。これを「浦島太郎現象」と名づければ、政治面では、老人と若者の投票行動の違いや、政党支持層の違い、政党の消長まで、深く関係していることを、感じます。また、旧い心理が残ったまま、新しい心理が次々と起こって、層をなし、複雑化してゆく、という、松平のリアリズムとも、共通する見解であることが、確認されます。

さて、次に、デュヴェルジェは、変数（P）と（I）の作用の方向性と大きさについても、「さらに大きな修正」を加えて、多様な事実の世界に適用できるモデルに改変しようとしました。彼は、（P）と（I）は、（E）と（C）から帰結する、とだけ考えるのではなく、諸変数の「主な」依存の方向を、しばしば深く変えるほどの「自立性」を持つ、としたのです。それは、上部構造の下部構造への反作用にとどまらず、上下の逆転の中心、社会全体（S）の中心的原動力ともなる、とも見たのです。

芝田　それはどういう変更か、少し詳しく説明してください。

経験主義的修正モデル

櫻井　デュヴェルジェは、「政治機構（P）のオートノミー」についての自由主義者の深い洞察を、高く評価しています。彼は、一九世紀の歴史家アクトン卿（John Emerich Edward Dalberg-Acton：1834－1902）の、「権力は腐敗する、絶対的権力は絶対的に腐敗する」という見解を共有し、権力は、それを行使する人間を変えてしまう、と考えているのです。権力者は、初めは、一階級の代表として出発しても、自分の権力と、彼がそこから引き出す特権を、永続化しようとする。つまり、自分自身を階級にしてしまう。だから、自由主義者は、「権力を封じ込めるため」、法の支配や代表制や権力分立制、選挙制や任期制など、制度的工夫を凝らした。が、しかし、それでも、西洋諸国のシステムにおける「テクノ・ストラクチャー（知的専門家集合体）」についての最近の諸研究は、権力の自立化傾向を抑えることの困難さを示している、と捉えたのです。「権力は経済に依存する」という理論によって所有制度の変革のうちに「権力の消滅」を見る共産主義の体制は、「権力が一つの特権であり、これを行使する人はこれを手放さない」、という傾向を考慮に容れない、「未熟な考え方」に立っているが、共産主義体制における官僚制やアパラチキ（党務専従者）についての諸研究も、「権力の自立化」過程を明らかに示している、と彼は論じています。彼の提示したそのモデルは以下のようになります。

政治機構（P）の自立化には、イデオロギー的正当化が伴う。経済と、そこから生ずる階級イデオロギーと並んで、政治体制（P）および（P）自体から生まれる傾向のある階級を源泉とする別のイデオロギーが生ずる、と見るのです。経済から生ずる階級とイデオロギーを、CeおよびIeと表示し、政治体制から生ずる階級とイデオロギーを、CpおよびIpとすれば、一般モデルは、

E→Ce→Ie→P→Cp→Ip（式二）

と表せます。社会全体（S）の内部の「社会階層」とイデオロギーは、CeとCp、および、IeとIpの間の矛盾と葛藤の産物である、と定式化しています。

芝田　それでは、このモデルは、現実のどんな社会システムの説明に当てはまると考えていたのでしょうか?

櫻井　デュヴェルジェは、このモデルは社会主義体制にも、他の体制にも、適用できるし、彼の同時代の共産主義体制の説明には、(式一)よりも有力であると、考えていました。このモデルは、上部構造の下部構造への反作用に反対しなかったマルクスの理論とも両立しうる、と見ていました。生産関係と私的所有制度の外部で階級が造られる、という点は、たしかに、正統派マルクス主義とは一致しませんが、ここで、階級という語は、マルクス主義の場合よりも広く解されており、「カテゴリー」とか「階層」という語を用いるなら、困難は消えます。グラムシやアルチュセールの分析も、このモデルで再現できる、と彼は考えていました。

その他の体制でも、Ce・IeとCp・Ipとの対立が非常に激しく、Pがいわば状況の仲裁者となるような、たとえば、軍事的独裁体制の事例にもあてはまる、としています。さらに、政治機構Pの力が、その経済的基礎Eから部分的に離れ、P自体がシステムの真の基礎となることすらある、とも考えていました。軍事独裁階級Cpと、それを支えていた経済的支配階級Ceの利害対立が、前者の優位に転ずる場合がそれです。しかし、この状態は一時的なものでしかありえない。生産力が生み出す階級が、脆弱で不安定な状態にあれば、別の事態も起こりうる、と見たのです。経済的支配階級が軍人や扇動家を権力の座に就かせた源泉であったとしても、権力の座に就いた彼らが、それまでの被支配階級が既存の支配階級にとって代わるのを助けることもありうる、としたのです。このような曖昧な状況は、ラテン・アメリカ（一九六八年のペルーやパナマ）、また、中東やアフリカの若干の軍事独裁体制に見られる、と彼は観察したのです。

芝田　これまでのモデルによる諸体制の説明は、説得力があると思われますが、たとえば、未開社会、あるいは、歴史的に古い過去の時代の政治・社会体制などについては、デュヴェルジェはどんな説明を与えたのでしょうか？

櫻井　デュヴェルジェは、未開社会などにおいては、イデオロギー（I）が他のすべての要素の基礎となるほどの「自立性」を持つ場合があり、宗教が非常に大きな役割を演じていた古い社会システムにおいては、特にそれが当てはまる、と考えていました。宗教が、マルクスの言うように、生産力の発展の結果として出てくる階級支配を偽装し、これを人々に受け容れさせるのに寄与していることは認められるが、宗教がいついかなる所でも「人民のアヘン」になっているとまでは言えない、と、デュヴェルジェは考えるのです。死の強迫観念と生き残りの願望は、人間行動の本質的なバネの一つであり、生産力からは独立した心情である。いかなる宗教も、社会システムも、技術の状態や、それによって可能となる生産力と矛盾しては、発展しえないが、技術的・経済的基礎がほとんど変化せず、そこから出てくる生産関係や階級もほとんど変化しない安定した静的社会（＝未開社会）では、イデオロギーと政治機構は大きな自立性を獲得する、と見るのです。古代エジプトのような社会では、下部構造は、社会変化の限界を決定づける「枠組」でしかなく、その枠内で、社会システムの変化が起こりえた。古代エジプトでは、宗教は、そのイデオロギー的内容自体の変化や外部宗教からの影響によって変化し、それが政治的変化につながったことがあり、技術や生産関係は、いわば、システムの「環境」になっていた。と彼は見るのです。マルクスは、西欧社会の経済の激動期に、そして、宗教の権威が失墜しつつあった物質主義の社会で、フランス革命によって宣言された「理論的な自由」を被支配階級のための「真の自由」とすることを根本的目標として思考したが、すべての社会が同じ性格をもっているわけではない、とデュヴェルジェは考えていました。未開社会では、物的には乏しくとも満足しており、重要な関心事は、宗教ないし魔術である。経済生活も非合理的な力によって支配され、狩も収穫も、そうした力によると信じられていた、と見たのです。したがって、イデオロギーがシステムの本質的基盤であり、そこから階層化や権力配分が出てくるのである、と説明しています。デュヴェルジェは、また、「豊かな社会」でも、物質的要求がひとたび全人口に満たされるならば、イデオロギーが社会過程において第一の地位を占めるようになる可能性もある、とすら、考えていました。これは、先進諸国に見られる、大衆消費社会の出現と、「価値の多様化」現象に関わる、示唆に富む観察だと、私は思います。

デュヴェルジェは、一般的モデルの変形として、この第三のモデルを、

E（I→C→P）（式二）

と表しています。

ここでは、生産力は、システムの原動力というより、むしろ、システムを条件づける「枠組」あるいは、「環境」となっています。この式はおおざっぱなものですが、デュヴェルジェは、また、具体的事例の比較のためには、たとえば、階級が政治機構と一体化している未開社会を、

E〔I→（C＋P）〕

のように表すこともできる、としています。

デュヴェルジェは、以上のような柔軟な経験主義的モデルによって未開社会、歴史的社会、現代の西欧システム、冷戦期のソヴィエト・システム、「第三世界」のシステムなどの類型学を構築し、提案しました。事実に関する幅広い知識に立ってなされる彼の分析は、個々の具体的事例に接近すればするほど、その事例、たとえば、一国のシステムに特殊的な文化的・歴史的特性を考慮に入れて、その国のシステムの特色を見事に浮き彫りにする冴えを見せています。また、彼の比較観察の視野は、当該システムのありうる進化を占うカギを提示できるという強みも持っていました。こうして、一般的モデルと特殊事例が連結され、われわれは、全体的視野の中に具体的事例を位置づけることができるようになったのです。

グラムシとアルチュセール　―マルクス主義の修正モデル―

芝田　これまでの先生のお話の中でたびたび登場してきましたグラムシとアルチュセールについて説明してください。

櫻井　グラムシ（Antonio Gramusci：1891－1937）はイタリアの思想家です。イタリア共産党の創設者の一人で理論的指導者でした。

マルクス主義の古典的解釈では、上部構造に対し下部構造が優位するとし、特にイデオロギーは、下部構造の「反映」にすぎないとされてきました。グラムシは、歴史発展の本質的要素としての下部構造の基本的重要性は否定しませんでしたが、上部構造の自律的部分とその役割を明らかにしようとしました。彼は、西欧諸国の体制が社会主義に移行するための諸条件について考察し、西欧では、生産力の発展が労働者を増大させたが、資本家が社会主義への歴史的進化の圧力に抵抗しており、その抵抗は、ブルジョアジーが上部構造と「歴史的ブロック」を形成し、その中で、ブルジョアジーがプロレタリアに対する「ヘゲモニー」を確立しているため、と分析しました。彼は、上部構造の内には、抑圧に依拠する「政治社会」と、説得に依拠する「市民社会」との二つの要素がある、と考えていました。彼のいう「市民社会」とは、宗教、哲学、法、経済、科学、芸術、文化などのすべてに関係するイデオロギーと、それを生み出し、普及させる教会、学校、報道関係などの諸制度のことを指します。「政治社会」とは、国家や政府という、命令と抑圧の装置である、とされました。これら二つが相まって、支配階級の支配に役立っていると、見たのです。

絶対主義王制の場合がそうであったように、その体制の下で「市民社会」が未発達で、まだゼラチン状で、弱い場合には、国家が、この支配の本質的道具となりうるから、社会主義革命は、国家の抑圧装置を奪取するだけで、実現できる。その後で、下部構造と調和した、真の「市民社会」を発展させることができるだろう、と彼は考えました。ロシア革命が、その良い例である、と考えていたのです。これと反対に、「市民社会」が強力に組織されている西欧諸国の場合、ことは同じではない。そこでは、国家は、「前線の塹壕」でしかなく、その後ろには、頑丈な城塞と砲台がある。レーニンとロシアの革命家たちにとって、大事だったことは、国家装置の転覆であったが、西欧の革命家にとっては、主戦場は、「市民社会」にある。西欧では、ブルジョアジーが社会に対し、知的・道徳的支配を確立しており、そのイデオロギーは社会システム全体に浸透しており、彼らが支配するプロレタリアに、彼らの価値観、道徳律、宗教、イデオロギーを受け入れさせることに成功している。この状態が、「ヘゲモニー」であり、それは、成功した階級の権力であり、社会全体にとって必要なものとまで感じられるようになった階級権力である。イデオロギーに関わるすべての制度は、社会全体に支配階級の価値観を普及浸透させており、これらの価値は、まったく疑問視されることなく、「普遍的」である、と、内面化されるまでになっている。このように、支配階級の価値観が他の諸階級によって受容されている限り、支配階級の権力は、正当なものであり、力で守られる必要もなくなる。これがグラムシの「ヘゲモニー」論です。

フランスでは、ブルジョアジーが、大革命以来、自由、平等と、私的所有権というブルジョア・イデオロギーを浸透させることに成功し、彼らの政治権力が正統で、自然なもの、と受容されるに至っているが、イタリアのブルジョアジーは、この歴史的功業をまだ達成できていない。だから、その権力は、不確定なままである、と彼は捉えたのです。

支配的イデオロギーの普及によって確立される「ヘゲモニー」は、広い意味での知識人たちの働きによって担われている。もっと正確にいえば、グラムシが「有機的」と呼ぶところの、支配階級と結びついた知識人たちによって、その役割が果たされている、と、彼は考えました。「有機的」というのは、この知識人たちが、市民社会を有機的に結びつけている分子だから、とされたのです。これら「上部構造の公務員たち」は、ある一つの世界観を中心に有機的な結合を確立し、体現している一つの「歴史的ブロック」の代理人たちだ、とみるのです。たとえば、イタリア南部の反動的農業社会「ブロック」においては、農民は、知識人を媒介にして、大土地所有者に結合されている、と。また、封建社会では、聖職者が、支配階級の「有機的」知識人として機能していた。ブルジョアジーの台頭に伴って、これらの知識人は、大学にとって代わられた。そして、現代では、大学人は、ますます、技術的専門家にとって代わられてきている、と。

こうして、「歴史的ブロック」がつくられ、そこでは、社会経済的下部構造と上部構造は緊密に結合され、支配階級を中心として、強力に組織されている、と見たのです。この「歴史的ブロック」が造られた当初は、上部構造は下部構造の反映でしかないが、一度歴史的ブロックが造られると、歴史の運動の本質的な動因が流出してくるのは、上部構造の中からである。下部構造の進化を妨げることができるのは、まさにそのところなのだ、とグラムシは考えたのです。

こうして、彼は、プロレタリア大衆の革命文化が育っていない国では、解放運動の発展が妨げられて、下部構造自体の発展も妨げられている、と考えたのです。グラムシによれば、プロレタリアの「有機的」な知識人の成長発展のみが、革命文化の出現を可能にするのだから、ブルジョアジーのヘゲモニーに終止符を打ち、新しい歴史的ブロックの到来を可能にするには、プロレタリア独自の世界観、独自の価値体系を造り、広め、優勢にすることが緊要であり、プロレタリアが支配階級になる前に、まず、社会の文化的・精神的指導権を握るのでなければならない、と考えたのです。

グラムシは、このヘゲモニーの理論によって、イデオロギーと知識人の役割の重要性を主張したことで、マルクス主義から社会勢力関係に関する、「下部構造による決定」論的色調を取り除き、マルクス主義を社会勢力間の「合意」の戦略論にまで、修正したのです。

芝田　アルチュセールについてはどうですか。

櫻井　アルチュセール（Louis Althusser：1918－1990）は、フランスのマルクス主義思想家です。彼は、グラムシと同様、上部構造の相対的自立性の問題を提起しました。伝統的マルクス主義の理論では、政府、行政省庁、軍部、警察、裁判所、など、「国家の抑圧装置」（L'Apareil Répressif d'État）を重視してきましたが、アルチュセールは、そのほかに、教会、学校、家族、司法、政党、労働組合、メディア（新聞・ラジオ・テレビ）、文化（文学・芸術）など、「国家の諸々のイデオロギー装置」（L'Apareils Idéologiques d'État）の重要性を強調し、次のように論じました。

ＡＩＥは、国家内部にあるとはいえ、大部分は、民間部門に属している。前者（ＡＲＥ）は、暴力を最後の手段として機能するが、後者は、支配的イデオロギーの生産と維持の機能を果たしている。それは、職業上の諸々の資格を定めたり、既成の生産関係への「服従習慣」を教え込んだりして、生産手段や、労働力の再生産と、生産関係の再生産の機能を担っている。

かつては、ＡＩＥは、教会であった。それは、宗教的機能を担っていたが、また、学校と文化と情報の機能も果たしていた。フランスで、カトリックの政治介入を断つために、一九〇五年に制定された「政教分離法」は、ブルジョアジーの反教権闘争の帰結であった。彼らは、教会から文化的・イデオロギー的支配者の地位を奪うことで、「資本主義の生産関係」の再生産のための機能を自らのものとした。

現在では、支配的なＡＩＥは、学校である。既成の政治的イデオロギーを固める機能を果している政党のＡＩＥ、既成の諸価値を広めている情報機関のＡＩＥ、とりわけ、あきらめを育んでいる教会のＡＩＥも役割を演じてはいるが、支配的、特権的地位にあるのは、学校である。学校は、子供の時から、人の心に直接・間接に、支配的イデオロギーを注入できる特権的機能を担っているからである。学校は、生産様式の中に占める各人の位置を割り振る役割を果たしている。学校は、タテマエは、中立の環境として立ち現れているが、実際は、資本主義的社会教育を通じて、搾取者と被搾取者の生産関係を、再生産しているのである。ゆえに、階級闘争の力試しの場は、学校のＡＩＥでなければならない。

学校は、国家の抑圧装置（ＡＲＥ）でも、容易にはコントロールすることができない場であり、古くからの支配階級が、長い間、強固な地位を保持してきている場でもあるが、また、被支配階級にとっても、教育機関にある諸矛盾や諸問題をめぐる闘争や、地位をめぐる闘争において、自らの意思を表明する手段を見出すことができる絶好の舞台でもあるのだから、と彼は考えたのです。

このように、アルチュセールは、上部構造の重要性、とくに、イデオロギーの相対的自立性を強調することで、グラムシと同様、マルクス主義を柔軟な方向に、修正したのです。

発展論者の展望

芝田　最後に、先進諸社会の発展方向に関する「発展論者」の展望は、どのようなものか、紹介してください。

櫻井　「発展論」については、数多くの論者がいますが、たとえば、レイモン・アロンは、一九五五年、米ソ冷戦の「雪解け」の時代に、テクノロジーの発展と分業化の発展は、産業の発展をもたらし、管理や支配の技術的合理性をもたらすので、そのメカニズムは、ソ連のような社会主義の場合でも同じだから、「やがては、」米ソの接近をもたらすだろうと考え、いわゆる両体制の「収斂理論」を唱えていました。R・ダーレンドルフは、マルクスの階級論や労使関係論が「形而上学的」であることを批判し、自由主義圏の経済発展は、株式所有の大衆化をもたらし、この株式所有の大衆化によって政治権力を握った人々は、新しい支配階級となってくるので、マルクスの、所有と非所有による階級分化の展望は、妥当しないし、政治的支配は、経済によって決定されるのではない、と考えていました。

労働者の窮乏化と社会主義革命を予測したマルクスの発展論とは正反対に、ロストウは、一九五八年出版の『経済成長の諸段階』の中で、発展の第五段階を、「大衆消費の時代」と命名し、耐久消費財の生産とサーヴィス部門とが、次第に、経済の主要部門となってくる段階と、見ていました。この時点では、アメリカはそこから抜けだしつつあり、西欧と日本は、その恩恵を享受し始めており、ソ連はそれを望んでいるが、まだそこには至っていない、と見ていました。

この「大衆消費社会」は、技術革新と生産力の発展により、生活水準が著しく向上し、衣食住や健康といった第一次的欲求だけでなく、快適さ、レジャー、文化など第二次的欲求をも満たせる段階であると特徴付けていました。

ダニエル・ベル（Daniel Bel : 1919－2011）も、市場経済社会の発展の最近の段階として、「ポスト産業社会」論を展開し、五つの次元にわたる特色を挙げていました。その第一は、「サーヴィス経済部門の発展」であり、第二は、専門家・技術者階級の優越であり、第三は、技術革新（イノヴェーション）と政策策定の源泉としての理論的知識の重要性の高まりであり、第四は、テクノロジーの自働的発展の可能性であり、第五は、新しい知的技法（情報テクノロジー）の創造である、とされました。

ベルは、「ポスト産業社会」の大きな特色は、三つあると考えていました。その第一は、第三次産業部門が優勢になる、ということです。経済活動の重心は、第一次産業（農業）および第二次産業（工業）部門から第三次産業部門の優勢へと移行し、この第三次部門が労働力人口の多数を雇用する形になってゆく、と見たのです。この部門の従事者は、一九七一年時点で、アメリカでは、労働力人口の六〇・四％に上っており、イギリスでは、四九・四％、オランダでは、四八・七％に上っており、テクノロジーとオートメーションの進歩によって、「ポスト産業社会」の典型的労働者は、もはや肉体労働者（ブルー・カラー）ではなく、技術者、知的専門家、管理者など、ホワイト・カラーとなっていると見たのです。

「ポスト産業社会」の第二の重要な特色は、労働時間の短縮と退職年齢の引き下げによる「レジャー文明」の誕生である、と、見ていました。そして、第三の特色は、学習年限の延長、生涯学習、継続的な職業訓練など、かつて見られなかったような教育システムの拡大である、と見ていました。

Z・ブレジンスキー（Zbigniew Kazimierz Brzezinski：1928－2017）も、一九七〇年に、『二つの時代の間で』という本の中で、同様な分析をしていました。先進諸国は、「工業社会」と「テクネトロニック社会」（＝テクノロジー・プラス・エレクトロニクスの社会）の過渡期にあり、前者から抜けだし、後者に近づきつつあると、見たのです。「テクネトロニック社会」は、「工業社会」が、社会を、「農業社会」とは異なった思考様式、生活様式、および生産様式に転換させたように、「工業社会」とは異なった思考・生活・生産様式を生み出すだろうと考えたのです。

ブレジンスキーも、D・ベルのように、重要な特色を挙げています。第一は、中間諸階層の台頭です。第二は、第三次（サーヴィス）部門の成長です。第三は、大学の巨大化です。大学は、技術能力の陳腐化を防ぐため、知識の継続的学びなおしの必要から、また、高等教育機関への再入学の増加から、時間的にも空間的にも拡大している、と彼は見ていました。第四は、技師・研究者・学者などの増大です。第五は、新しい技術・専門家階層が、旧支配層にとって代わる傾向です。いまや、権力は、財産の所有よりも、技術革新の原動力である理論的知識に依存してきている、と見たのです。

全世界の「前衛」であり、「社会的実験室」でもあるアメリカは、このテクネトロニック時代に入りつつある。アメリカは、一七七六年の「独立革命」、一八七〇年の「産業革命」に続くこの「第三の革命」により、三つの社会的階層、すなわち、産業革命以前から存在していた農業労働者、移民労働者、アパラチア山脈地方の鉱山労働者など、最も古い階層と、それに次いで登場し、今も生き残っている、デトロイトやピッツバーグの鉄鋼業などの、伝統的工場労働者、そこに第三の「テクネトロニック」社会の階層、すなわち、科学・大学のコングロマリット、宇宙産業その他の先端的産業の階層、が登場している。第一の階層は、まだ残存しているが、経済的には重要性を失っている。したがって、残っているのは、外国企業との競争に脅かされ、周期的な景気変動の波に翻弄され、最も未熟練で、最も低所得の肉体労働者を抱えて衰退してきている産業経済と、最も高学歴で、最も高給の労働者を引き付けて、成長してきている、テクネトロニック経済の階層との、際立った対照である。ここに、今日の政治の舞台がある。ブレジンスキーは、アメリカ政治社会の断層を、このように見ていたのです。これは、現在の「トランプ現象」と重なり合うのではないでしょうか。

早くも一九六〇年～一九七〇年代に展開されていたこれら発展論者の展望は、それから半世紀を経た現在の状況と照らし合わせてみても、陳腐化しているようには見えません。そのことは、これら発展論者たちのキャリアを見れば、納得がいきます。彼らは、皆、先進諸国の「現実の発展」の中で、アカデミーの教授であっただけでなく、政治と行政の要職にあって、重要な政策決定と行政に関与した人々であったのです。彼らは、自らの世界認識と情況認識が、現実から遊離していては、たちまち失脚することが避けられないような、厳しい地位にあり、現実を経験科学的に分析する思考様式を身につけていた人々であったのです。コントの発展段階説を目安にその位置づけをしてみるならば、彼らは、最も新しい「産業社会」にドミナントになる「実証的・科学的」精神構造の持ち主でした。ですから、彼らの認識の基本的内容は、半世紀を経た現在でも、現状をかなり正確に押さえており、妥当性を失っていないのです。

これと比較して、マルクス主義の修正論者たちの認識は、西欧近代諸国、特に、「当時の」フランスと、イタリアの近代化の現実の進展と、その度合いの違いを捉えている点で、科学性を高めてはいましたが、ブルジョアジーの経済・政治・イデオロギーにおける「ヘゲモニー」の進展を、即、「民主的な」政治・経済・社会・文化の発展、と、肯定的に捉える発展論者の展望とは反対に、プロレタリアの解放のための「イデオロギー闘争」による「革命」を志向し続けていた点で、私には、一九世紀の「哲学的」思想の名残に見えるのです。

第二章

政治の原理

政治の概念

芝田　政治社会の歴史的な、また、世界空間的な進化の方向性について、これまでの先生の探求過程の一部を伺いまして、イメージが得られたような気がしますので、これからは、しばらくの間、学生が政治について学習する際、理解しておくべき、と考えられる政治の基本的、一般的メカニズムなど、基礎的理解に役立つ「原理」的な知識について、お聞きしたいと思います。まず何よりも先に伺いたいと思いますのは、そもそも「政治」とは何か、どのように定義すればよいか、という問題です。

櫻井　政治の一般的な定義は、学者によっていろいろな表現がありますが、私は、「政治とは、人間の結合体の統制意思の定立に関する営為」である、と表現したいと考えます。人間以外にも似たような営みが見られます。たとえば、サル山のボス支配や、女王蜂を中心としてまとまっているように見えるミツバチの群など、動物や昆虫の世界にも、統制（government）現象があるように見えるでしょう。しかし、こうした類似現象については、「ボス」とか「女王」とかの擬人的な比喩を見ればわかるように、人間が勝手に類推し、表現しているのです。ですが、これらの集合体は、少なくとも、全体の中の個体の独立性の程度、という点では、人間社会との差がある、とはいえるでしょう。この点は、類人猿学者や、昆虫学者に聞かなければ、正確なことは分かりませんが、これら哺乳類や昆虫類の集団行動が、人間の行動と比べて、理性的・反省的な行動か、反射的な行動か、そのレヴェルを見れば、違いは明らかでしょう。次に、「結合体」とは、「集合体」とか、「集団」とか、「社会」というような表現でも同じことだと言ってよいと思います。なお、「統制意思」とは、結合体の構成員に命令し、従わせる、「一個の全体」としての「結合体の意思」という意味です。

人間は、生きてゆくためには、食い・着・住み・性交しなければなりません。「生命の連続」を確保するためには、いやおうなしに、他人と共存し、相互作用、相互依存のネット・ワークの中で、暮らすことが避けられません。アリストテレスが言ったように、人間は、「社会的動物」です。ロビンソン・クルーソーは、一人で暮らした、という話がありますが、そのままでは、死と滅びがあるだけです。世界中に同じ人はいません。この多様な人間が、その生存過程で、社会の網の目の中で生きてゆく際に、利害や見解の相違から摩擦や衝突が起こることは避けられません。そこで、少なくとも「殺すなかれ」、「盗むなかれ」、「犯すなかれ」などなど、人間の生存を維持するため、さらには、幸福を実現するためには、統制意思を定め、それらを、「秩序」として守らせなければならない「政治」があると、考えられるのです。

「政治」という言葉は、政（まつりごと）、つまり「祭り」で「治める」という語源から来ています。未開社会で、守護神とされた祖霊を呼び出し、悪霊からの保護や、豊漁・豊作・子孫繁栄など、つまり、幸福への願いや、お礼のために、酒食・歌舞・音曲・競技などでもてなしをして、守護神との霊的交換を行う中、神前で、氏族のメンバーの協力と結束を確保する営みがなされたことから、来ています。

ここで注意しておかなければならないことは、ある「特定の行為」が上記のような、公共利益のような「目的」にかなう行為であるかどうかは、人の価値判断に関わることなので、判断の難しい問題であるということです。「統制意思の定立に関する営為」ということは、統制意思をめぐるある行動が、公共の利益にかなう場合もあるが、それを破壊する行為の場合もありうるので、わたしは、「……に関する営為」と表現し、政治学の科学性を保とうとしているのです。

「祭りごと」を行う「結合体」の規模は、様々です。小は、家族、未開社会の「氏族」、地縁集団の「部族」や、古代の帝国から、近代の「国民国家」（かつては「民族国家」と表現する者が多かった）、さらには、国民国家内の地方団体・政党・組合、会社その他諸々の結社など、また、世界レヴェルでは、国際連合、世界的宗教団体、多国籍企業など、様々な結合体があります。かつては、政治「集団現象説」とか、政治「国家現象説」とか、論争があった時代もありますが、現在では、政治は、人間の結合体のすべてに、完成度の違いはあっても、ある、と見る人が多い。この点に関して、ガキ「大将」とか、亭主「関白」とか、かかあ「天下」とか、本格的な「国家の政治」からの連想で、子供集団や家族内の統御現象を表現する例が見られることが、よく知られています。

芝田　今の先生のお話で、政治とは何かを巡って論争がかつてあったと述べられましたが、それは「政治概念論争」のことですね。日本における政治学は、まさに「政治」の概念規定をめぐって数多くの政治学者が動員され、科学としての政治学の確立が目指された訳ですが、その中で、わが国では唯一と考えられる、政治学界での大きな論争が「政治概念論争」と呼ばれるものでした。では、この「政治概念論争」のカナメ、要点は何であったのか。それは、先生もご指摘のように「政治」という現象は国家にのみ見られる現象か、それとも社会一般でも見られる現象か、という点にありました。現在の政治学では、政治現象は国家という「アリーナ」のみに見られる現象ではないとしていますが、この学説は比較的新しいものです。戦前では、「政治は国家にのみ見られるのだ」とする説が有力で、またそれがゆえに老舗の大学では国家学たる法学部に政治学科がありましたし、今もある訳です。ただ、同じ老舗である明治大学や早稲田大学では法学部から離脱して政治経済学部に政治学科があることは特筆すべきことでしょう。ちなみに、この論争の口火を切ったのは慶應義塾大学の政治学者である潮田江次（一九〇一〈明治三四〉年－一九六九〈昭和四四〉年）ですが、彼は慶應義塾の創立者である福澤諭吉の孫で、慶應義塾長をも務めた方です。ほかにもこの論争に関わった政治学者としては、明治大学でも戦前に講師をしていた京城帝国大学の戸沢鉄彦（一八九三〈明治二六〉年－一九八〇〈昭和五五〉年）、同志社大学の田畑忍（一九〇二〈明治三五〉年－一九九四〈平成六〉年）、九州帝国大学の今中次麿（一八九三〈明治二六〉年－一九八〇〈昭和五五〉年）、関西学院大学の大石兵太郎（一八九七〈明治三〇〉年－一九五四〈昭和二九〉年）、台北帝国大学の掘豊彦（一八九九〈明治三二〉年－一九八六〈昭和六一〉年）、東京帝国大学の蝋山政道（一八九五〈明治二八〉年－一九八〇〈昭和五五〉年）らがいました。なお、これら国家現象説と集団現象説の相違と対立の背後には、国家の「概念」を実在とみるドイツ観念論の哲学と、「個人」を実在とみる感覚論的唯名論という英米の主流の哲学との基本的立場の差異があったことを忘れてはなりません。

国家の概念

芝田　ところで、政治を行う人間集団のなかでも、第一に私の頭に浮かんでくるのは、「国家」です。先ほどの話からは、それは国家が「完成度」が高く、代表的な結合体であるから、というふうに、感じましたが、その訳を説明してください。

櫻井　まず、最初に、「国家」とは何か、その概念を明確にしておかなければなりません。国家とは何かということに関しては、よく知られている「国家三要素説」があります。国家の存在の目印は、第一に、多数の人々の集合でありながら、一つの有機体であるかのように見える成員の行動があることです。「国民社会」とか、「国民共同体」とか呼ばれる社会があることを示す「国民意識」（われわれの「国」＝nation）という意識が認められることが、その目印です。

第二には、そのようなまとまりを保つために、人為的な「統制」が必要になっており、そのような統制が現実に実行されていること、です。言い換えれば、一元的権力が確立されていること、が、その目印です。

第三には、これらの集合体が占拠する土地が、相隣接し、全体として、地球上の居住可能な全域を余すところなく、重複することもなく、並存しあっていることです。言い換えれば、国土、あるいは国境が定まっていることです。

これらの条件に照らして、「国家」として認められる結合体の実例を調べてみると、

第一に、未開社会の「部族」は、結合生活は十分認められるが、人為的支配ないし、統治機構の発達の程度が、不十分ですから、「国家」とは認められません。

第二に、古代ギリシャやローマの都市国家は、国家です。ただし、ローマ帝国に併合された後の都市は、それらの領土が帝国の領土と重複しているから、国家ではありません。

第三に、中世の「神聖ローマ帝国」も、有機的秩序がないから、国家には入りません。

第四に、封建制度の時代の「王国」も、同じ理由から、国家には入りません。ただし、一五世

紀以降のイギリスとフランスの「王国」は、次第に「国家」の様相を色濃くしてくる動向が観察されます。

イギリスでは、(一)一一世紀のノルマン・コンクェスト(Norman Conquest：1066)による「集権的封建制」の樹立、(二)一三世紀のシモン・ド・モンフォール(Simon de Montfort：1208－1265)の改革による二院制議会の基礎造り、(三)一五世紀～一七世紀、チューダー王朝(Tudor dynasty)下の、王と議会との協調、(四)国王専制の強化に対する人民の反抗的一元化の進展、という諸段階を経て、国民国家が形成されているように見えます。

「分権的封建制」だったフランスでは、一一世紀～一三世紀のカペー家(Capétiens)の台頭、教会との協力による王の特権的地位の確立、王の裁判権の拡大、常備軍の拡充、行政機構の整備、これらの機関で働く都市出身人材との協力、三部会の第三身分会議を通じて獲得した都市勢力の人的・物的協力によって、一七世紀には、ルイ一四世(Louis XIV：1638－1715)の「絶対王政」が、権力の一元化を達成しました。この時代は、まだ民主国家ではありませんが、上記の国家三要素が「ある程度」整ってきていると見られます。日本では、「分権的封建王国」であった「幕藩体制」を終わらせた「明治維新」による権力の一元化で、まぎれもなく「国家」が成立しています。

国家の優位

芝田　現在でも、国境紛争を抱えているところがあるとしても、ほぼ国家の三要素の条件に合う諸国家が併存し、それらの中で行われている政治が、われわれにとって最も重要に思われます。その理由について、あらためてお伺いしたいと思います。

櫻井　まず、第一に、国民国家が優位していることを示す目印は、その統治組織が最も発達しているということです。これと比べれば、他の結合体の統治組織は萌芽の状態にあるといえましょう。国家の組織は、立法・行政・司法に分立し、それぞれの内部で精緻な分業組織を形成しています。政党や組合や、会社その他の結社も、それらの「大会」や「総会」が立法部の役割を、党官僚「アパラチキの」のような専従職員に依拠する「執行部」が行政部の役割を、「紛争調停委員会」が裁判所に類する役割を、担っていますが、これらの組織は、国家の組織と比べれば、はるかに単純で、未分化で、完成度が低いことは明白です。

国家には、大規模で高度に発達した組織的制裁の制度（警察、裁判所、行刑組織）があり、組合の裁判機関や国際的裁判機関を設立する際にモデルにしているのも、国家の組織です。

さらに、国家は、その決定を執行するために、最強の物理的強制力を持っており、他の集団が国家に対抗して強制力を保有するのを許しません。国家は、暴力的紛争に際して、最後の言葉を発するのです。歴史的にも、統治の仕組みは、常に、最大の物理的強制力を有する集団によって握られていました。封建制の時代に、統治権の分散を生み出していたものは、領主の軍隊の形をとった軍事力の分散であり、主権国家を生み出したものは、君主の常備軍でした。したがって、国家に勝る「国際社会」が実現するためには、国家の軍隊よりも強力な国際的軍事力が組織されなければならない、ということになります。

第二は、国民社会の「共同体的連帯」は、他の結合体の内部の連帯よりも強い、という点です。たとえば、歴史上、国境を超えた宗教の共同体が、諸国民国家間の戦争を防ぎえなかったという事実は、宗教的連帯よりも、国民的連帯の方が強い、ということを示す証拠です。また、かつて、国を超えた階級的連帯や、政党の連帯は、西欧の市民のかなりの部分によって、国民的連帯よりも強いと信じられていたことがありました。が、今日では、それが誤りであったことが判明しています。たとえば、一九一四年以前の西欧の社会主義者たちの反戦の宣伝や言説は、第一次世界大戦が始まると、彼ら自身の行動によって反証されましたし、社会主義インターナショナリズムは、一九六〇年代に起こった「中ソ国境紛争」で、社会主義国同士の、「国」境をめぐる争いが、両国のプロレタリア同士の「階級的」連帯よりも強いことを示したものです。

現実には、たとえば、家族愛や、恋人同士の恋愛の絆と、国民的連帯の絆との間に、葛藤が生ずる場合があります。国が戦争をしている時に、ある徴集兵が、個人的な愛のために、戦線から「脱走」するような場合がそれです。これは、メロドラマのモチーフになることがあります。また、良心的・道徳的理由から、国家の命令である兵役の義務を拒否する人々が増えているということも、言われています。これは、国民的連帯の弱まりを示すものかも知れません。しかし、実際には、これらの事例は、国民社会全体から見れば、ごく少数であり、全体の基本的な傾向を示すものではありません。個人は、パスポートなしには、国家の保護を受けられないので、国外では暮らせません。国家が最もよく組織され、国民社会が最も連帯の強い社会であることから、他の諸々の結合体に対して、事実上、優越性を示すことになります。ただし、この優越性は、事実上は、「相対的」なものであり、たとえば、ＥＵはまだ国家「連合」であり、「連邦」ではありませんが、「連邦主義」の発展は、国民的連帯を制限する作用があります。

国家のこの「事実上の」優越は、他の結合体との関係に、重要な帰結をもたらしています。それらは、国家の優越のあらわれ、あるいは、目印ともなります。その第一は、国家がより小さな結合体の役割を吸収してゆく傾向が見られる、ということです。国民国家内部の諸結合体（家族、市町村、会社その他の結社、労働組合等）の首長の権力が国家の権力に吸収される傾向が、それです。すなわち、国家は、これらの結合体に対して、「法的地位」を与えています。言い換えれば、これらの結合体は、国家のように、みずからの基本法（憲法）を樹立する権利を持っていないのです。国家は、これらの結合体の本質的機関の権力を規定し、それらの自立性に限界を画定し、様々な程度で、それらの運営にも干渉しています。国家は、また、これら下位の諸結合体に対して、国家機関による支援を与えています。言い換えれば、国家は、他の諸結合体の「統治者」の役割を部分的に演じているのです。家庭内暴力の取り締まり、家庭「裁判所」、市町村の徴税事務の代行など、国家は、十分な力を待たない諸結合体に代わり、それらの重要な機能を代行しているのです。

第二に、国家よりも大きな社会、＝国際社会も、その「統治組織」と「連帯」は、国家よりも弱く、国際社会の機能の多くも、国家によって代行されています（たとえば、国際私法の大部分）。また、「国際連合」など、国際機関の大部分は、諸国家の統治者が派遣する「代理」によって構成され、国際社会の管理は、国際的な統治者の存在によるのではなく、国家の統治者達の協力によって、確保されています（国連などの、決定における全会一致の原則、大国＝常任理事国の拒否権など）。国際社会は、諸国家間の条約によって憲法を与えられているので、個々人の共同体であるというよりも、むしろ「諸国家の共同体」です。けれども、ある国家が国際的取り決めを破った場合、国際世論の反動が見られるという「事実」は、「国際的連帯」が、ある程度、発展してきていることを示すものでしょう。

第三に、国家横断的な集団（カトリック教会とか、国際的労働団体や政党など）の中には、発達した組織をもち、強い連帯感で結ばれているものもあります。が、それらも、国家に対抗できるものではありません（国家による宗教迫害、共産党弾圧など）。スターリン（Iosif Vissarionovich Stalin：1878－1953）時代のソ連の「コミンテルン」のように、国際的政党がソ連一国の政策手段となっていた実例もあり、宗教協約（コンコルダ）のように、カトリック教会とフランス国家とが、条約によって妥協を図ったようなこともあります。

芝田　今、先生は「国家に勝る「国際社会」が実現するためには、国家の軍隊よりも強力な国際的軍事力が組織されなければならない」とおっしゃいましたが、今の段階ではこれは実現できていません。朝鮮戦争（一九五〇年～一九五三年）時の「国連軍」はアメリカ軍でしたし、世界で紛争が起きても「多国籍軍」が組織される程度に留まっています。「国際社会の管理は、国際的な統治者の存在によるのではなく、国家の統治者達の協力によって、確保されています。」という先生のご指摘も、今次のロシアのウクライナ侵攻を巡る国際連合の対応を見れば了解できます。これは国連の脆弱な点ともいえましょう。

また、先生のお話の中で「社会主義インターナショナリズム」、「社会主義インターナショナル」が登場しました。これは、イギリスの労働党、フランスの社会党、ドイツの社会民主党、イタリアの社会党、オーストリアの社会民主党など欧州の社会民主主義政党を中心にして一九五一年に創設された組織で、日本からは今も社会民主党が加盟しています。マルクスも参加した第一インターナショナル（一八六四年～一八七六年）の後継団体として出発した第二インターナショナル（一八九四年設立）が、第一次世界大戦勃発に際し、自国防衛を唱えて自壊したために、戦後の一九一九年に第三インターナショナル（コミンテルン：共産主義インターナショナル）が結成されます。が、これは共産主義者による団体でした。ちなみに、有名な「ゾルゲ事件」（一九四一年～一九四二年）はこの本部からの指令により戦前の日本で諜報活動を行ったリヒャルト・ゾルゲ（Richard Sorge：1895－1944）や近衛文麿（一八九一〈明治二四〉年－一九四五〈昭和二〇〉年）内閣のブレーンでもあった元朝日新聞記者の尾崎秀実（一九〇一〈明治三四〉年－一九四四〈昭和一九〉年）らが逮捕された事件です（その後処刑）。一方、社会民主主義者は一九二三年に労働社会主義インターナショナルを結成、さらに第二次世界大戦後には現在も存続している先述の社会主義インターナショナルを再結成しています。なお、このほかにも第四インターナショナルが一九三八年に、コミンテルンのスターリンに対抗すべくトロツキー（Lev Davidovich Trotsky：1879－1940）の呼びかけにより結成されました。

「政治」＝「統制意思の定立に関する営為」の仕組み

芝田　さて、「国家」的結合体をモデルとして、諸結合体一般（＝政治社会、政治集団）にも通ずるような、「政治社会における統制意思の定立に関する営為」（＝政治）の仕組みは、どうなっているか、説明してください。

櫻井　国家は、実力のある集団が、一個の「権力核」となり、自ら掲げる「理念の力」と、「実力」とによって、大小多数の集団や、個人を制圧し、自集団へと吸引し、自ら掲げた理念に基づいて造った「制度」の力を借りて、この拡大した全体を一個の有機体に一体化したものである、と言えると思います。「権力核」は、独自の理念と実力とによって、自らを強化し、他集団を制度に従わせた後も、全体の生活の原動力であり続けようとして、他の理念を掲げて挑戦してくる諸権力核と闘争、あるいは競争関係に入る、ことになります。

これを、いくつかの段階（フェーズ）に分けて表せば、次のようになります。

フェーズ①――一つの政治団体（＝権力核）が、勢力を拡大し、他の権力核が権勢を揮ってきた既存の「政府」を打倒した場合、こうしてできた「仮政府」あるいは「臨時政府」が行う第一のことは、自己が掲げてきた理念に合わせて、新しい「制度」を制定し、これに反対する諸勢力（他の諸権力核）を、実力によって破壊することです。これには、実力行使を伴う場合もあり、威圧だけで服従させる場合もあります。

フェーズ②――新制度の定着とともに、臨時政府は、制度上の正式な国家機関（＝政府）となり、その威圧力は、たちまち増大します（その仕組みについては後述）。

フェーズ③―政権を掌握した権力核は、制度の実施とともに、制度外に出て、国家機関としての「政府」とは分離してきます。

フェーズ④―「政府」は、もはや私的権力ではなく、国家の指導機関、すなわち「公権力」となるので、国家の権力の源泉となるところ（後述）から力を汲み上げて、最強の力を行使できるようになります。

フェーズ⑤―権力核の最高幹部は、政府の首脳となり、国家の官僚群を率いて、理念に掲げていた公共の利益（G・ビュルドー（Georges Burdeau：1905－1988）のいわゆる「共通善」）のために国家権力を行使することになります。

こうして拡大した公権力の力は、最強ではありますが、それは、制度の制約を受けて、私的権力核のためには行使できず、もっぱら国家・公共の利益のためだけに行使されるものとして、その行使が限定されます。したがって、政府を担当することによって出費が増大することがあっても、収入は、増大しない、ことになっています。

フェーズ⑥―私的権力核（＝与党）は、別途努力によって、政府の傍らで、私的実力を養い、他の権力核（野党あるいは反対派）との競争に備えるのでなければ、政府・与党の座を追われることになります。

中世ドイツの皇帝権力が弱かったのは、皇帝が豪族たちのプリムス・インテル・パレス（同輩中の第一人者、primus inter pares）に過ぎず、一豪族としての実力を培養できなかったからです。これと反対に、ソ連時代のソヴィエト政府の権力は、共産党の実力によって裏づけられていました。戦後日本の「保守政権」は、長い間、自由民主党の私的な実力によって、支えられてきています。

国家における政治の仕組みは、このようになっているので、国家の指導を担う政治家は、政府として使うことができる巨大な国家権力（ただし、制度の枠がはめてある）と、権力核として使用できる私的実力との併用によって、国民を外敵から防衛し、国内の秩序を確立し、国家の成員の社会分業を庇護・促進し、福利を増進し、競争相手である他の権力核に対して、十分な自衛手段を講ずるのでなければならない、ということになります。

『ビュルドーの政治学原論』
（芦書房，2007年）

芝田　お話の中でビュルドーが登場しました。先生はビュルドーに関する大部の研究書『ビュルドーの政治学原論―フランス正統派政治学理論の研究』（芦書房、二〇〇七年）を世に問われています。また、同著により明治大学から博士（政治学）が授与されています。

また、「共通善」という言葉も登場しています。これは英語ではcommon good、ラテン語ではbonum commune

と記しますが、これを初めて唱えたのは第一部で登場した中世のキリスト教の哲学者トマス・アクィナスで、彼の『神学大全』(全三部・第三部未完)で「共通善」が示されました。トマスは、法を「永久法」、すなわち神の理性に由来する法と、「自然法」、すなわち理性によって認識され人間の目標となる法、「人定法」、そして「神法」(旧約聖書)の四つに分類しましたが、それらの法はすべて「共通善」が目的であるとします。そして「共通善」とは、人間に共通する全体的な「善」と個人の「善」との統一として考えられるもので、単に政治社会を構成する人々の個々の善の総和ではなく、むしろ政治社会の質的な意味での「善き生活」に関わるものとされました。いわば、社会全体に浸透している道徳的善、絶対善というものです。ちなみに、この「共通善」を従来の政治思想家は独自に言い換え、たとえば、前出のルソーはそれを「一般意志」に、ヘーゲルは「絶対精神」に、一九世紀のイギリス理想主義学派のグリーン(Thomas Hill Green：1836－1882)は「人格」に、そして私の専門であるボザンケ(Bernard Bosanquet：1848－1923)は「実在意志」「一般意志」にそれぞれ言い換えて「共通善」を表現し、自己の政治思想の中心に据えました。彼らに共通していることは、「共通善」とは「隣人・他者に対する関心」であり、「人間をある方向へ導く道しるべ」であるということ、つまり絶対的・普遍的な「理念」ということでした。

ただ、「共通善」という言葉は一般の人にはなじみの薄い言葉でしょう。ですが、日本国憲法には「共通善」という言葉と関連がある条項があります。日本国憲法第一二条には、「国民はこれ〔憲法が保障する自由と権利〕を濫用してはならないのであって、常に公共の福祉のためにこれを利用する責任を負ふ」と規定されています。で、周知のように、現行憲法は「マッカーサー憲法草案」がベースとなっていますが、その中のこの第一二条「公共の福祉」に該当する部分の原語が「共通善」common goodになっていたのです。その後、日本語で日本国憲法として完成した折には「共通善」ではなく上記「公共の福祉」に変更となったのですが、もとはこの「共通善」が使われていたというのは興味深いことです。

政府・与党と野党の力関係

芝田　では、政府・与党と野党との力関係は、どのようになっているか、もう少し詳しく分析してください。

櫻井　政府・与党の「力」を、ここで「政治力」という言葉で表すとすると、政府・与党の政治力は、政府・与党の「正当性」、および、「政府の実力」と「与党の実力」の合計、となります。「正当性」とは、第一に、野党や被治者から見て、「政府の行動は、制度への適合性を持っている」という意味での「合法性」を指します。第二には、政府・与党による公約や政権運営が、実質的に公共の福利を維持し、向上させてきた、あるいは、向上させている、という評価や、満足度を意味します。前者は、形式的合法性、後者は、内容上の合法性と、呼んでもいいと思います。次に、「政府の実力」とは、政府が国家の名において動員できる公的実力、つまり、人力・武力・経済力などを指します。また、「与党の実力」の実力とは、与党が持つ「私的な実力」、すなわち、人力、武力（私兵が禁止されていない制度の場合に可能となる）、経済力などの総計です。

これに対して、「野党の政治力」は、野党の持つ「正当性」、つまり、野党の行動が法制度上合法的であるという「形式的合法性」、および、野党の公約や実績への評価、ないし満足度を指す「内容上の合法性」と、野党が持つ私的実力すなわち、人力・武力（私兵が禁止されていない場合）・経済力の総合となります。このように、「政治力」は、精神的要素と物的要素の総合だから、単純な計量的合計はできません。人が、どのような価値判断をするか、どんな理念を持ち、どんな理念を支持するかは、その人々の諸条件によって異なることがあるし、可変的でもあるので、その時々の政治的判断は、可変的です。したがって、集合的な政治行動は、与・野党の「政治力」の関係を一瞬にして逆転させてしまうこともあります。政治の世界は「一寸先は闇」といわれるゆえんです。

未開社会と比べて一定程度発展した社会では、人為的な物理的強制力による支配が、人々の結合を保っていることは明らかですが、どんなに物理的な強制力の威圧に服従しているように見える社会でも、なんらかの制度を持っており、制度の作用、つまり、理念の実現のための諸規則が人心に及ぼす作用が、権力の正当化と遵法精神を生み出し、これが支配力の大部分を賄っています。

要するに、政治社会は、強い力が成員を強制するところに成立しますが、その力は、正しく幸福に生きようとする「社会意識」が鼓吹する理念の内面的力と、物的な外的力との総合と見るべきなのです。

制度とは何か

芝田　政治が、「政治社会の統制意思の定立に関する営為」であり、それは、理念を掲げた、諸権力核の間の闘争の形を帯びるということは、理解しましたが、通常は、そこで、「制度」が重要な作用を及ぼしている、とのことを話されました。そこで、その「制度」とは、何か、また、その作用とはどんなものか、お話ください。

櫻井　「制度」とは、望ましいと思う生活を現実化し、持続可能にすることを目指し、そのために、社会の成員の行動を規制する作用を持つ、「諸規則の束」とでも言うべきものです。

制度は、一般に、次のような作用があると言えるでしょう。

第一に、制度は、理念を実現するための客観的規則の体系として示されるので、秩序維持のための政府の仕事がやりやすくなる、という作用があります。

第二に、秩序維持のための、矛盾や摩擦の解決を、物理的闘争に求めず、相互の妥協か、または、公権力による裁判や処罰に求めるので、無用な人的損害や経済的破壊を未然に防ぐことができる、という効果があります。

第三に、制度は、公益を目標としているので、公権力による乱用がない限り、被治者の共同利益が侵されるはずはない、ことになっています。公権力による乱用があれば、被治者人民の公憤が、実力による反抗となって、政府の支配は危殆に瀕することになります。

制度には、一般に、以上のような効用がありますが、また、政治制度には、大別すれば、どちらかといえば被治者の方に有利な制度と、どちらかといえば治者にとって有利な制度と、二種類があるといえましょう。前者は、「自由民主制」と呼ばれ、後者は「独裁制」と呼ばれています。実際には、これらの類型の間に、独裁をいろいろな方法で偽装し、自由な制度であるかのように見せかけたり、政府が独裁を徹底させようとしても、政府自身の能力、国内の分裂や対立、その他いろいろな限界があって、貫徹できないような「権威主義」体制など、中間的な諸制度がありますが、話を分かりやすくするため、二つの類型として説明したいと思います。

自由民主制

櫻井　どちらかといえば被治者に有利な政治制度は、「自由民主制」ですが、これは、被治者人民が、政府の行動を審判する権利をもちうるとする制度であり、立法府と人民がその権利を持つ、とする制度です。

この制度の下では、政府が、不正・不法な行為をしたとみなされる場合、その不法性が些細なことならば、行政裁判の形で処理され、制度の持つ自働作用によって、解決されます。政府の行為の不法性が重大であるとみなされた場合は、「政治問題」となります。この場合、政府は、議会で不信任されて辞職するか、または、不信任されなくても、早急に信頼を回復することができない、と判断した時は、辞職して、再来を期す方が有利になる、と考えるようになります。不正・不法であるか否かは、政府の行為に関する与・野党間の見解の相違からくるので、交渉と妥協で決着をつけることができれば、交渉と、妥協の道を探ることになります。

政治における交渉と妥協は、当該問題だけでなく他のあらゆる問題をも含めた損得の計算によって行われます。それらの利害得失の総和を考慮し、交渉しても総合的に見て損が多いと見積もった場合、妥協せずに、闘争に入ることになります。

総合的利益とは、「政治力」の構成要素の全体ですが、この「政治力」を構成する要素の中でも、第一の要素は、人的要素、すなわち、同志、あるいは、味方（＝支持者）が多い、ということです。第二は、精神的要素であり、合法性・合理性を持っているということを、意味していいます。正当性と言っても同じです。第三は、経済的・物的要素で、財貨や武器、それに、これらを開発・増殖・管理したりするのに必須の知識人をもつことを意味します。

政治における駆け引きには、これらの要素と「政治力」全体の増減の見積もりが伴います。同じ計算は、政府に対抗する権力核である野党でも行われます。この計算は、計量化できない要素も含み、複雑で難しいものなので、そこに、政治家の才覚や、「勝負は水もの」の要素が入り、不確実性が伴うことになります。

この計算の結果、妥協することが不利になると計算され、闘争のほうが有利と判断されるならば、妥協をやめて、闘争に入ることになります。闘争には「制度内」闘争と、「制度外」闘争とがあり、選挙で戦うことは、「制度内」闘争です。ゆえに、この闘争に敗れても、敗者には、なお、「制度外」闘争の道が残されています。ただし、制度外闘争に移行する可能性は、この制度を受容する意識が定着している先進国のような社会では、薄い、と言ってよいでしょう。

独裁制

櫻井　「独裁制」とは、被治者人民に、政府の行動を審判する権利を認めない制度を指します。したがって、政府自らが非を認めない限り、政府の行動は正しい、ということになります。自由民主制の場合と比べて、独裁制の下では、制度外闘争に入る可能性が高い、といえます。この制度の下では、政府の悪政を正すべき合法的手段が人民に与えられていないため、政府の悪政が耐え難いものにならない限り、人民は、なるべく反抗を避けて、我慢しようとします。反抗することは、非合法であるばかりでなく、非合法であるがゆえに、十分な同志を糾合して、強い反政府勢力を結集することができないからです。しかし、悪政が忍耐の限度を超えると、「造反有理」となるだけでなく、失敗による損失に対しても無感覚になるので、背水の陣を張り、命知らずになれます。そうなると、反抗運動の中心には、権力核が成長し、それが、反政府闘争を指導するようになります。その後は、実力闘争の結果次第で、不正な政府が打倒され、革命が成功することもあるし、反抗勢力が弾圧され、政府が若干の反省の姿勢を示して、維持される場合もあります。

自由な制度の下では、このような実力闘争に至る前に、非合法感の蓄積も、公益の破壊も、なし崩し的に解決されるのが普通です。その第一の理由は、悪政を批判する合法的な手続きが開かれているため、悪政は著しく減少するからです。第二に、不当と見られる行為があっても、政府に責任を取らせて、辞職させる道が、制度として規定されているので、制度の自動的機能として、政府の交代が行われ、混乱が避けられるようになっているからです。

これらの制度が行われている国々の実例を見れば、これらの制度が受容され、採用されるのは、当該国の社会的・経済的・文化的発展のレヴェルと深く関係していることが分かります。低開発諸国、あるいは、発展途上諸国、さらには、現在のロシアや中国のような「新興諸国」の事例にみるように、自由な制度の正当性を理解する意識が未熟であったり、自由な制度の経験がないために、政権交代の重要性が理解されず、一度手放した政権が帰ってくる可能性が信じられないような場合、さらにまた、人民間の分裂・対立が激しく、彼らの間の相互依存関係の重要性、あるいは利益、が十分に理解されていないような社会では、自由民主制の幸福な機能を期待することは、難しいのです。

芝田　今、先生が省かれた「権威主義体制」について一応補足します。これについてはリンス（Juan José Linz：1926－2013）の議論が有名です。リンスはスペインのフランコ体制について分析しました。フランコ（Francisco Franco Bahamonde：1892－1975）はスペインの軍人で、一九三六年に当時の内閣に対して反乱を起こし（スペイン戦争）、その過程で独裁権力を握ってナチス＝ドイツのヒトラー（Adolf Hitler：1889－1945）やファシスト＝イタリアのムッソリーニ（Benito Amilcare Andrea Mussolini：1883－1945）の支援を受けて一九三七年に新政府を樹立して一九三九年までにその内戦を終結させました。その後、第二次世界大戦で彼は中立の立場をとり、終戦後は王政復古を宣言して終身国王元首として一九七五年に死去するまで独裁権力を維持しました。この、フランコ体制という政治体制をリンスが分析して提示したのが「権威主義体制」です。その特徴が次のようなものでした。

① 限定された多元主義。
② 体系的なイデオロギーの欠如。
③ 弱い動員体制。
④ 指導者は形式的には無制限な権限を有するが、実際には予測可能な範囲で権力を行使するような政治体制。

この概念があてはまるとされる政治体制は、もちろん当時のスペインに限られるわけではなく、ラテン・アメリカ、アジア、アフリカなど第三世界の国々に多く見られます。また、軍部の独裁体制から民政に移管する際にも、このような権威主義体制がよく見られます。

「制度上の主権」と「政治上の主権」

芝田　さて、自由民主制の国、日本の現行憲法では、国の最高権力、すなわち「主権」が「国民に存する」と宣言しており、その主権が、「正当に選挙された国会における代表者を通じて」行使されると、されています。これによると、国の最高権力（＝主権）は「国民」にあり、国会が国家の「最高機関」とされています。ところが、「政治の原理」としてこれまで説明されたこと、つまり、国家の「統制意思を定立する」のは、国内の最強の「政治力」を持つ「政府・与党」である、ということでした。これらは、どのように関係しているのか、解説してください。

櫻井　政治に関する法制度は、多数の人々の共同生活に確固たる秩序を与えるため、すべての者に優越する「唯一・絶対・最高」の権力、つまり「主権」を設定しています。この「主権」についての考え方は、歴史上古い順に類型化すれば、主権の保持者は、

①「神」である、とするもの、

②「君主」である、とするもの、

③「国（nation）」である、とするもの、

④「人民（people）」である、とするもの、

があります。

これらの主権理論においては、主権者の意思は、それぞれ、

① 神託

② 君主の署名・捺印（御名・御璽）のある法令

③ 代表者の議決（ロックやモンテスキュー（Charles-Louis de Montesquieu：1689－1755）の理論の場合）

④ 民会の決議（ルソーの直接民主制論の場合）

によって見出される、ということになっています。

現代の先進諸国で広く行われている自由民主制においては、「国民・人民」（nation/people）に主権があり、その主権は代表制を通じて発現することになっています。そこでは、議会が立法し、政府と裁判所が、「法の執行」である行政権・司法権を行使することになっています。

この制度の下では、政府が法を無視した行動に出れば、人民の主権が発動し、政府を排除できることになっています。また、この制度の下では、行政権も司法権も、法の忠実な執行を仕事とする機関ですから、法を造る立法権すなわち、議会権力こそ最高の権力となるはずです。日本国憲法では、第四一条で、「国会は、国権の最高機関であって、国の唯一の立法機関である。」と規定しています。

この制度の下で生活し、主権者として政治を担っているのは、制度上、われわれ有権者ですから、この制度下で展開される政治論議は、当然のことながら、この制度論的タテマエ論によって、導かれ、束縛されることになります。しかし、この制度の下で行われている政治を、「科学的に」見るならば、異なった結論になります。

代表制下の政治の「事実」を見れば、法を造るのは議会全体の意思ではなく、議会の多数者の意思です。法を造る力は、第一に、立法府の中の他の立法勢力に対抗して勝利する力であり、第二は、造られた法の権威を貫く、その実施面で、被治者人民の私権、すなわち、「服従者たちの力」に対抗して、法の命令を貫徹する力です。この第一の力は、与党または、与党連合勢力にほかなりません。彼らは、議会内での「制度内闘争」によって、自らの意思を多数決で押し通すことにより、立法するのです。制度論的タテマエ論に立った民主政治理論では、法の権威を損なう危険が多いのは、行政権であり、それゆえ、立法府は、政府の行動を監督しなければならない、と言われます。しかし、これを「政治科学的」に見れば、立法府においても、行政府においても、支配力を握っているのは、政府と与党の連合勢力ですから、立法府による政府の監督は、有名無実とならざるを得ません。野党は、ただ、政府批判によって世論に訴えることができるだけです。この批判的機能によって、被治者人民にアピールすることで、次の選挙に勝ち、与野党の力が逆転しなければ、この関係は変わらないのです。

第二の力、すなわち、法の権威を立て通す面の仕事は、行政本来の仕事であり、通商・産業、交通・運輸、教育、厚生・労働、地方行政、財政、治安、防衛、外交、等々の面で行われているものがそれです。

「主権在民」とは何か ―「国民主権」と「人民主権」―

芝田　自由民主制においても、与党の「政治力」が統制意思を定立する「実権」であるということが分かりました。野党も、永遠の野党ではなく、「政治力」次第では、次の選挙で、「実権」を行使できる可能性が開かれている点で、「自由」を維持するために、貴重な制度であると、理解しました。そこで、自由民主制の下で生きる当事者として、この制度の理解のために押さえておくべき基本的なポイントとして、「主権者」について、お伺いしたいと思います。

櫻井　政治制度は、その時代、時代の優勢な政治理念によって基礎づけられています。「自由民主主議」諸国では、代表民主制とか代議制とか、議会制民主主義とか、いろいろに表現されていますが、同じ制度を指しています。この制度は、主権在民、代表制、多数決制、法治主義、権力分立制を基本原理とする政治制度である、とされています。

ここでは、まず、第一に、「主権在民」の意味を明らかにして、「国民の総意」とは何か、厳密な理解に役立てるよう、説明したいと思います。

主権の所在については、「主権」は、そもそも誰が持つのかという問題に関して、近代民主制の初めの、民主主義の実験の時代に、激しい論争がありました。フランス大革命のときに、主権の保持者は、nation（国、国民）か、people（人民）か、ということで、どちらの立場をとるかが大問題となりました。それは、その選択によって、新制度の論理的帰結、あるいは制度の解釈・運用が大きく左右される、という問題に関係していたからです。

Nation（国、国民）という言葉は、ラテン語の「生まれ（natio）」という語源から造られた言葉で、生まれを同じくする兄弟姉妹のように親しい、「同胞感情」で結ばれている「国民共同社会」を指します。この観念は、国民国家の形成期や、国民国家が内外の、特に外国からの、脅威に面して、成員の間の団結が求められるような「危機」の時代に、高まる傾向があります（ナショナリズム）。この「国民」（nation）観念は、歴史の展開過程で醸成され、過去・現在・未来にわたって生きてゆくと感じられる「有機体」という意味合いを含んでいます。ですから、この「国民」が主権者であるということは、たとえば、「日本」が、あるいは、「日本社会」が、つまりは、昔は生きていたが、今は生きていない日本人も、今生きている日本人も、これから生まれてくるであろう日本人をも包含する「一つの共同体」に主権がある、ということを意味しています。この「日本」という観念は、抽象的・観念的な実在であって、物的実在ではないので、この

「主権者の意思が法となって日本国の成員を統制する政治」を現実化しようとしても、「日本」は、肉体をもった人間ではないから、その意思を声に出して表明することはできません。ただ、日本は、過去から存続してきたし、今も存在し、今後も存続してゆくことが、望ましい、と思われるから、多くの「日本人」が「主権者たる日本は、世界のなかでその主権と独立を失うよりは、維持することを望んでいるはずである」と考えることはできます。そこで、物言わぬ主権者である「日本」の代わりに、物を言う人間たちに、主権者の意思を表明させる必要が出てきます。その必要を満たすためには、「日本」の独立と繁栄など、国益のためになることを判断できる、意志や能力がある、と思われるような人々を選んで、「主権者」nationの意思の表明を「代行」させることは、不合理ではない、と考えることが、可能になります。フランス大革命の時の「憲法制定国民議会」の多数派が採用したのは、まさにこのような考えでした。彼らは「国民(nation)主権論」によって、「教養と財産」のある人々に、選挙権を与え、こうして、正当化され、「合理化された」制限選挙に基づいて、「代表民主制」を行ったのでした。選挙「権」ではなく、選挙「機能」論に基づくこの制度論は、その後、「平等」原理に反する、非民主的体制であるとして、批判されます。その後民主化を推し進める運動の思想的基礎として用いられた理論は、ルソーの「人民主権」論でした。

市民一人ひとりが主権者であり、各市民は市民総数の逆数に当たる「部分主権」を持つ、とする、彼のこの考え方は、『社会契約論』において示されていた、きわめて民主的な考え方ではありました。主権者は、市民個人であるから、主権の行使としての選挙は、選挙「権」として平等化されなければならないからです。しかし、この前提から出発すれば、代表制の運営上、大きな問題に突き当たる、という欠陥がありました。選挙された代議士は、論理的には、主権者である個々の選挙人から「主権者の意思」を「強制委任」された「代理」にすぎなくなるので、議会で国民の意思を一本化するのに避けられない「妥協」をすることが困難になります。有権者一人ひとりが最高・絶対の主権者であるからには、代議士は、自分を選んだ選挙区の有権者を、多かれ少なかれ、裏切ることなしには、国家意思を法律化するという、本来の使命である集約機能を果たすことができなくなります。

そこで、物事を明文化するという点ですぐれた文化を持っているフランスでは、現行の「第五共和制憲法」で、これら二つの理論を折衷させています。

同憲法第三条には、「国の主権は人民に属する。人民は、彼らの代表者たち、および、レフェレンダムを通じて、それを行使する。」(La souveraineté nationale appartient au Peuple qui l'exerce par ses représentants et par la voie du Référendum) とあります。また、同憲法第二七条には、「強制委任は、全て、無効である。」(Tout mandat impératif est nul) とあります。

第三条は、まず、一つの「国民」(nationale) 主権があり、次に、それを行使するのは、「人民」(peuple)、つまり、現在選挙権を持っている人々である、ということを規定しているのです。そして、第二七条では、選挙された代表者たちは、選挙区で自分を選んでくれた人々の要求を、そのまま、主権者の意思だからといって、それに束縛されることなく、「国家百年の計」とか、自らが「国益」と信ずるところに従って、「自由に」、投票できるのだということを確認しているのです。

わが国の現行憲法でも、前文において、「主権は国民に存する」ことを宣言していますが、この「国民」は、people の意味であるとされており、「国民の総意」(will of the people) が主権者の意思とされています。

ナショナリズムとは何か

芝田　今のお話の中で「ナショナリズム」や「ネーション」という言葉が出てきました。では、ナショナリズムについて先生はどうお考えですか。

櫻井　わたしの理解では、ナショナリズムとは、他の共同体よりも「国民共同体(＝nation)」への帰属を第一とする思想・心情(＝国民主義)のことであり、その起源が、近代国家の形成過程にあったことは、その通りだと思います。この意識、この感情は、フランス史では、カペー王朝のフィリップ四世（美男王）の時代（在位一二八五年～一三一四年）、王が、教皇と対立抗争し、教皇庁のアヴィニヨンへの強制移転（バビロン捕囚）を行ったころに、すでに、「フランス王国への帰属意識」として芽生えていたと言われており、英仏百年戦争（一三三九年～一四五三年）時代に、オルレアンの愛国少女、ジャンヌ・ダルクが英軍を撃退した時代に、高揚し、一七世紀、ルイ一四世の絶対王権が確立したころに、さらに発展したと言われています。ですから、ナショナリズムは、他国と自国との区別が契機となっているが、必然的に民主主義と結びついている、とは言えないと思います。ですが、それが最も激化したのは、フランス大革命の時に、まだ君主制であった隣接諸国からの反革命干渉に対して、市民革命の成果を防衛しようとした、祖国防衛戦争の中で、「市民的愛国心」として高揚したことは確かです。ということは、一元的権力の支配と、国境の定まりと、そこに取り込まれてゆく人々の帰属意識は、並行して発展し、近代国家が結晶してゆくということを示している、と言えると思います。この帰属意識は、誰かが人工的に造り広めることで出来上がるフィクションなのではなく、人々の間に、次第に、自然発生的に、醸成されてくる心情とみるべきだと、私は考えます。近代国家が結晶してくるまでは、それ以前に人々が帰属していた「共同社会」は、地域社会や、宗教的共同体や、エスニック・グループ（民族）と呼ばれる、国民共同社会よりも小さいか、より古い時代から続いてきた諸共同社会であり、ナショナリズムは、それらへの帰属意識よりも、それらより大きく、または、それらよりも新しい「国民社会」への帰属意識の方が、より強くなるということを意味しています。わが国では、本居宣長の「やまとごころ」は、「からごころ」（漢心）に対する日本のナショナリズムの表れでした。また、幕末、吉田松陰のナショナリズム（やむにやまれぬ大和魂）は、黒船来航に象徴された外国の脅威に対する「日本国民」としての危機意識の表れであり、彼の弟子達の指導による明治維新と国家統一は、その帰結でした。こうして、幕藩体制という分権的封建王国が一元的権力によって統合されたことで、明治国家が生まれたわけです。これは、即、民主主義の成立ではなく、一君万民の天皇制国家でした。けれど、また、その瞬間に、それまでの諸藩に属してきた人々の「おらが国」への帰属意識が雲散霧消してしまったわけでもありません。俺は薩摩だ、長州だ、いや会津だ、というような「おらが国」への帰属意識が強固で、国家統一への障害になり、国家分裂の作用を及ぼすような場合には、内乱（戊辰戦争）となり、国家の分裂につながりますから、政府による鎮圧が必ず行われます。明治一〇年の「西南戦争」がそれでした。したがって、近代国家が定着した段階では、様々なサブ・カルチャーへの帰属意識は、二次的なものになるはずです。それまでの「おらが国」は、「おらが故郷」になるのです。こうして生まれてくるナショナリズムという共同体意識を生み出す要因としては、言語や、人種や、宗教の同一や、共有してきた歴史の記憶や慣習など、国により必ずしもそれらの組み合わせが同じではない、様々な文化的要因が関係します。が、デュヴェルジェも述べているように、それらの要因が直接に国民的仲間意識を造るのではなく、「これらの要因に関して人々が抱く意識」が国民共同体を造るのです。

スイスは、ドイツ語やフランス語やイタリア語やロマンシュ語を話す人々が、「スイス連邦」という、一つの国民国家を構成しており、彼らは、連邦を構成する小さなカントン（州）の中で、言語の共同体を保っていますが、「一つのスイス国民」という強い意識をもっているナショナリストであり、スイスは、徴兵制を採用する「国民皆兵」の国です。ヨーロッパでは、国民国家形成期に、主要諸国間の国際政治史上のいきさつから、隣接諸国の支配権に入らなかった、旧い起源の諸共同体が、今でも、ミニ独立国家として生き残っているところがあります。バチカン市国、モナコ公国、リヒテンシュタイン公国、サン・マリノ共和国、ルクセンブルク大公国などが、それです。クルド人は、第一次世界大戦後、英仏という旧植民地帝国の間での不条理な国境線引きもあって、固有の領土を持てないまま、イラン、イラク、シリア、アルメニア、トルコなどの諸国に分かれ住むことになった、エスニック・グループです。イスラエルは、ローマ帝国によって追放されたユダヤ人が、二千年にわたり、流浪の民として、異国に生き、苦労することを余儀なくされてきたユダヤ人である、というアイデンティティーによって結合意識を保ってきた、エスニック・グループ（民族）です。彼らは、第一次世界大戦中のイギリスとの約束により、第二次大戦後の一九四八年、イスラエルに国土を回復することに成功した「国民」です。以来、彼らは、パレスチナ人との間で、国土をめぐる激しい闘争を続けており、「国民国家」防衛のためならば、文字通り、「常時、命がけで」戦うナショナリストの国民として、政治・経済・外交活動を展開し、特に軍事面では、非公然の核兵器保有国として、周辺のイスラム圏諸国、特にイランやシリア、レバノンとの関係でどう動くか、世界中が目を離せない国となっています。

国民国家の形成・発展期に、国民的統一や存続を脅かすように「感じられる」外圧とか、分離運動とか、内乱の危機とかに際して、ナショナリズムは高まりますが、対外的危機に際し、能動的になるときは、侵略的・排外的な「ウルトラ・ナショナリズム」として発現することがあります。とくに、その国民国家の発展期には、言い換えれば、国際比較研究者マテイ・ドガンが述べたように、国民国家の「成長期」には、その「若い」国民国家で起こりやすい、「思春期のニキビのような」現象だと、私も考えています。個人が「敵対的と感じる」環境、つまり、「危機的な状況」において、「激昂する」のと同じ心理的メカニズムです。

ナショナリズムは、ヨーロッパでは、中世の王国から、何世紀もかかって、次第に形成され、一九世紀初頭に形をなし、一九三〇年代に絶頂期に達した現象であり、第二次世界大戦後は、欧州連合の成長とともに、現在は、弱まって来ています。それに比べ、中国では、一九一九年に初めてナショナリズムが産声を上げたのです。中国には、元々、一種の優越感（中華思想）がありましたが、それは、「国民主義」とは程遠いもので、ナショナリズムではありません。しかし、孫文の運動によって始まったナショナリズムは、その年齢からみれば、「若い」ことを忘れてはなりません。そこに「危険」があるのです。第三世界のほとんどの国境線は、西欧先進国の植民地支配によって、人工的に引かれたもので、これらの国境線でエスニック・グループが分割されていることが少なくありません。その結果、「サハラ以南のアフリカ」のほとんどの国家は、多部族ないし多民族国家という性格をもっており、ナショナリズムは、まだ芽生えてすらいない国が多いのです。これらの諸国では、エスニック・グループ（民族、あるいは、部族）への帰属意識・忠誠意識の方が、国民への帰属意識・忠誠意識よりも強いのです。この状態は、西欧諸国が六世代～七世代昔に到達していた段階にあることを意味しています。西欧以外のところでは、ナショナリズムが成長しつつあるのに、西欧では衰退している。この「非同時性」は、諸国民は、諸個人の場合と同様に、国民的成熟という観点から見ても、社会経済的発展という観点から見ても、同じ「年齢」にはないということを示しています。第三世界のほとんどの国が国民主義的価値観を発見している同じ時代に、西欧では、これらの同じ価値観が、衰退しつつあるのです。比較政治研究者マテイ・ドガンは、時間軸上に位置づけられるナショナリズムを類型化していま す。その第一は、人々がまだ、自らの第一次的絆への忠誠意識を保持していて、まだ国民的感情を持っていない国々です。それらは、ナショナリズム以前の段階にあり、貧しい国々の内、最も貧しい国々のカテゴリーに入ります。第二の類型は、近代化しつつある諸国、すなわち、貧しい国々の内の最も豊かな国々のナショナリズムであり、それらのほとんどは、ごく最近になって、国民的独立を達成した、比較的若い諸国民です。現在、最もナショナリズムが強く発現しているのは、これらの諸国です。第三の類型は、国民的成熟の後に、国民的感情の「腐食」が起こっている西欧諸国です。この「腐食」ということは、ヨーロッパ内の他の諸国に対する、ナショナリズムの腐食（たとえば、一九三〇年代の独仏のナショナリズム間の激突と、現在の独仏間の友好関係を比べて見よ）であって、旧植民地など第三、第四世界からの移民の流入に対する「人種差別」とは、別物である点に注意しなければなりません。第四の類型は、東欧諸国のナショナリズムです。ここでは、ドイツ帝国やロシア帝国や、オーストリア帝国やオスマン帝国など、周辺の諸帝国による支配下にあって、国民的独立が妨げられていた長い歴史があり、第一次世界大戦後、崩壊した帝国支配から解放され、短い国民的独立を達成したと思う間もなく、第二次大戦となり、その後は、ソ連「帝国」の支配下に抑圧されていたため、ナショナリズムは、ソ連崩壊後の現在、再興している、という事情があります。そのため、東欧諸国のナショナリズムは、西欧よりも「若い」状態にあるのです。第五の類型は、アメリカの場合で、人種や民族を異にする人々の「るつぼ」であっても、自由・平等な「新国民」としてのアイデンティティーによって結ばれている国のナショナリズムです。

日本では、明治維新以来、帝国主義の時代環境のなか、欧米列強の脅威への対抗から帝国主義の道を歩み、ウルトラ・ナショナリズムと、その結果としての敗戦を経験したので、ナショナリズムと聞くだけで、拒否反応を起こす人が少なくないと思います。しかし、われわれの生活は、前にも検討しましたように、国民共同体の中で初めて確保されうるものですから、国益を共有する仲間が構成する自国を愛し、自国に誇りをもつことは、当然のことと、私は考えます。他の諸国民についても、それぞれの国民が自国に誇りをもち、責任をもち、それぞれの国を愛することは、良いことであり、美しいことである、と思います。ドゴールはナショナリストでしたが、世界の諸国民はそれぞれ自国を愛し、自国の安全と独立に責任を持つことが、世界平和の基礎になる、と信じていました。この「ネーション」は、エスニシティーよりも新しく、擬制的であるとか、「想像の共同体」とか、「創られた伝統」と表現することは、ナショナリズムをけなし、その価値を低下させる意図を含んだイデオロギーに加担していることを意味しています。ナショナリズムが人工的に造られたフィクションだとする考えは、すべての意識をフィクションだというのと同じことです。エスニシティーはネーションよりも起源の古い「共同幻想」だということになります。あるいは（差別解消を求める正統な要求は別として）、国民社会のなかの特殊集団の主張を「国民的利益よりも優先しようとする」運動か、国民的連帯を棄損し、別の連帯（宗教的共同体とか、階級的連帯とか、地域的特殊利益とか、外国の利益とか）、を優先しようとする運動、あるいは、国民の分裂を狙う運動ということにもなると思います。ナショナリズムを、かつての日本の知識人の一部は、「保守反動」と決めつけたことがありました。これが保守反動ならば、その反対の進歩・前進とは、何を目指すものなのでしょうか。国家を解体して、「世界国家」にすることでしょうか。これは、遠い未来の理想としてならば理解できますが、無政府主義とほとんど変わらず、非現実的であり、政治論としては幼稚で、空想的です。それとも、国民的統合よりも、宗教的連帯や階級的連帯が優先されるべき、という思想の故でしょうか。これが、国民的連帯よりも弱い連帯であることは、前にエヴィデンスに基づいて検証しましたので、ここでは繰り返しません。

「国民の総意」とは何か

芝田　話を戻しまして、日本国憲法では、第一条で「天皇は、日本国の象徴であり日本国民統合の象徴であって、この地位は、主権の存する日本国民の総意に基く。」と書かれていますが、この「国民の総意」とは、何を指すのですか？

櫻井　これは難しい問題です。日本国憲法にある「国民の総意」とは、われわれがこれまで論じてきた解釈では、「人民の総意」ですが、全人民の「一致した」意思を「総意」とすると、全人民が事実上、全員一致で合意した場合以外には、事実上の「総意」は、存在しないことになります。これは、個人の意思の自由を前提とする限り、現実には、ほとんど、あるいは、全く、ありえない、と言ってよいでしょう。そこから、「人民の総意」には、二つの考え方が出てきます。

第一は、各人の持つ雑多な意見を、いくつかの群れに分けて集積し、最も大きい群れだけを採って他を切り捨てたものを、「総意」と「みなす」方法です。「代表制」と「多数決」がその決定方法です。

第二は、国民国家を一個の独立した人格と「みなし」、この結合体自体の意思（＝団体意思）を想定し、これを「総意」と見る方法です。ルソーの「一般意思」（volonté générale）という概念がこれに当たります。

しかし、「一般意思」を「団体意思」と同一視するとしても、それが各人の意思と無関係であるとすれば、実在する具体的な人間の意思からは離れて、宙に浮いてしまうことになります。そこで、ルソーは、各人の心の内に宿りつつ、同時に、全員にも共通する意思を考え、それを、共通善を目指す意思と同義として、彼が「全員の意思」（volonté de tous）と呼んだ「特殊意思」（＝特殊利益を目指す個別意思）と対置したのです。つまり、各人の心の内には、「自己利益」を追求する「特殊意思」と、結合体全体の福祉を追求する「一般意思」とが共存する、と考えたのです。「一般意思」は、良心、惻隠の情、愛他心などと呼ばれる心情と同じとされるので、それは、各人の心の内にありながら、他人のそれと同質の意思である、ということになります。だから、互いに衝突することもない、ことになります。したがって、この「良心のかたまり」を「主権」とすべきである、としたのです。

しかし、「実証主義」の立場からみれば、これら二つの考え方には、それぞれ欠陥があることが分かります。第一の意味の「総意」では、少数者の意思が除外されています。第二の意味の「総意」では、利己的動機で投票した者、つまりは、事実上の大部分の人の意思は、除外されていることになります。したがって「具体的には」、「人民の総意」は、ありえないことになります。ただ、社会心理的に見て、多数者の意思、または、「多数者の代表者の意思」を、全員の意思と「みなす」ことが、社会的に容認されている時は、「総意」と「みなす」ことは可能です。

多数決制

芝田　では、「国民の総意」を引き出すための制度（あるいは手段・方法）としての「多数決」制について説明してください。

櫻井　多数決という方法は、人類の歴史の古い時代からあったことが知られています。この旧いやり方と、現在行われている多数決の新しいやり方を比較してみれば、現代と前近代の、大きな違いが分かるはずです。

まず、旧い型に入る例の一つとして、わが国の一三世紀、貞永元年に定められた「貞永式目」に見られる「多分之義」と呼ばれる方法があります。この方式は、二段階に分かれており、第一段階では、各人が自由に論議を尽くしてから、投票し、多数意見を発見することを目的とします。第二段階では、発見された多数意見を原案として、反対者を説得し、その同意を求め、全員一致を造りあげる、という方法です。その際、どうしても同意しない少数者は、追放される、こととなります。

この方式は、多数者の意見を承認するか否かは、結合体それ自体の存続を望むか否かの問題へと移行する、ということを意味しています。ゆえに、多数の意見に執拗に反対する者は「奸曲」（＝悪だくみ）を挿む輩とされ、「一味同心噴出せしむべき」として指弾され、会議に加わる人々の間には、「水魚の思い」が支配して、一体となっていることが望ましいと、考えられていました。

西欧でも、カエサルの『ガリア戦記』、タキトゥスの『ゲルマニア』などの記録によって、古代ゲルマン部族の集会の例が知られています。この部族会議では、提出された議案に賛成の者は、剣と楯を打ち鳴らし、反対の者は、不平のつぶやきを発し、どちらかが鳴り止む時、全員一致の決議となった、とされています。どうしても、どちらも静止しない時は、少数者のグループが追放された、とされています。これは、わが国の「村八分」と同じような方式です。

これらの旧い多数決の方式と比べて、今日の多数決制では、旧い型の中にあった第一段階があるだけで、第二段階がないのが特色です。今日では、少数者が分離して別の社会を造ることはめったにありません。その代り、少数意見を無視し、多数意見をもって、全員の意見と「みなして」しまいます。つまり、反対派を結合体に容れたまま、結合体を維持し続けているのです。少数者は、法秩序の枠内で、反対意見の表明も、同志獲得運動も、自由に行うことができるようになっています。こうして、少数者は、明日の多数者となる可能性を認められているのです。

要するに、今日の多数決では、①少数者の意見は、機械的に脱落するが、②少数者は、その意見を保持したまま、結合体の中に残り、③少数者が多数者へと移行した時には、その意見を「総意」として認めさせる可能性を常に残す、という三点を特色としています。

近代民主制が、このような制度を採用している基本的な理由は、「個人の自由」を理念としているからにほかなりません。

自由とは、自律を意味します。が、社会生活には法がなければならず、法は強制されねばなりません。この法の強制を各人の自律に還元するには、法が各人の自由意思によって承認されていなければなりません。各人の意思が事実上、千差万別であるとすれば、全員一致の総意に基づく法は、成立し得ません。したがって、多数の意見をもって法とするほかはありません。しかし、これでは、少数者は、自らが承認しなかった意思によって強制されることになり、自律の理念に背くことになります。そこで、社会を結成する原初において、一度は、社会契約により、多数決制を採用することが合意されたのであるから、多数の意見を「総意」としても差し支えない、と「考える」ことはできます。しかし、社会契約は、実在しなかったし、また、行われたとしても、大昔のことで、時効にかかっている、と考えるとすれば、やはり、多数意見を「総意」とすることは、不条理となります。

このような不条理にもかかわらず、多数決が「総意」決定の手続きとして採用されているのは、結局のところ、それが自由の欲求に、「現実に」、「最も適合する方法」だから、なのです。極論すれば、五〇％プラス一票は、五〇％マイナス一票よりも確実に重いから、少数者の意見が支配する場合よりは、法の強制を「自律」に一致させる度合いが、確実に高くなる、ということです。

したがって、多数決制による決定の結果が、少数者によって受容されるような社会的条件が整っているのでなければ、多数決制は、機能しない、ということになります。負けた少数者が決定の結果を我慢して受け入れ、それを「総意」として認めることができるような条件が整っているのでなければならないのです。それは、社会が十分に有機的な結合力を持っていなければならない、ということを意味します。すなわち、社会分業と、社会成員間の相互依存が進み、成員の一体化が進み、社会結合の利益を十分理解できるような状態が整っている社会である、ということです。このような社会では、一見すると、紛争が激しく、対立・闘争の宣伝が盛んであっても、実際には、社会は分裂しません。だから、一般に、発展した先進国の社会の状態に適合した制度と言えるわけです。この制度を、未だ、宗教や部族による分裂を乗り越えられず、国民的一体化が、十分に進んでいない、低開発国や発展途上国に適用した場合、かえって、多数決による決定がきっかけとなって、国内が分裂・闘争状態に陥ることが多いのです。

芝田　今、先生は多数決制に関して今日では「少数意見を無視し、多数意見をもって、全員の意見と『みなして』しまいます」とおっしゃいました。この「みなし」行為は非常に重要だと思います。もともと、近代社会では「擬制」fictionが大きな役割を果たしています。これを多数決制に応用すると、現実の「多数」に過ぎないものを「全体」と「みなす」行為のことです。「少数」を無視するのですからある意味で残酷ですが、しかし今の多数決制は「頭を叩き割るのではなく、頭数を数えるのみ」ということなので、太古の時代に比べると平和的であり、人類は進歩したのでしょう。ともあれ、多数者の決定をもってその国やその地域全体の決定とする。たとえば、投票率もそうですね。投票率が五〇％を下回ってもそこでの「代表」（後述）となるのですから。ただ、「みなし」行為で「無視」された少数派にも希望はあります。「多数」と「少数」とは平和的討論（暴力ではなく）を通じて常に逆転可能性があるからです。

多数決制度の論理と、戦略・戦術論を混同しないこと

櫻井　多数決制度の「論理」は、あくまで、多数者の意志の発見は、自由な討論を尽くし、有権者の前に、多数意見と少数意見の相違を明示することにあり、そのうえで、多数意見を採択すれば、いいということです。「多数派の戦略・戦術論」としてならば話は別ですが、「制度の論理」としては、そこに「妥協」や「歩み寄り」は、入る余地はありません。妥協や歩み寄りは、真の争点を曖昧にし、有権者を欺くことになるからです。こうして明示され、採択された多数意見を「全体の意思」として「みなす」ことを、少数派が認めないような社会は、社会の結合と意思決定の「基本的約束事」である「多数決制度」を受け入れないということなので、社会的結合が弱く、無秩序と分裂解体の瀬戸際にある結合体なのです。少数意見の尊重ということは、少数派の主張を自由に、明示でき、有権者に理解させることができれば、十分なのです。その上で、少数派がみずからの意見を多数市民に受け入れられるようにするための努力をせず、多数意見を頑なに受け入れないのであれば、それは、その社会の基本的約束事を受け入れないということであり、その社会に所属するのを拒否する行為をするわけです。それが「テロ」としてあらわれるのならば、それは、多数者の意思を踏みにじる「少数者の暴力行為」なのですから、断固として

取り締まるのが政治の役割なのです。

日本人によくありがちな、情緒的で、日本的な曖昧さ、分かりにくさを政治にもちこんではいけません。穏やかに済ませたい、と考えて、「譲り合い」、社会全体の「和」を維持したいとする日本の「和」の文化は、それ自体貴重な美徳で、「望ましい」ことではありますが、その美徳で全員一致の合意ができるのならば、「道徳」だけで国家の社会生活が運営できるということになります。このような道徳学者の理想論では、大規模で、異質性を孕む、多元的な国民社会を統御できないからこそ、「法の強制」が必要であり、秩序と安全という「共通善」のための「法の強制」である「政治」があるのです。だから、社会の重要な意思決定をめぐって事実上の全員一致が不可能ならば、多数決を受け容れなければならないのです。

代表制について

芝田　ところで、自由民主制は、「代表民主制」とも呼ばれ、国会議員が主権者である国民（人民）の総意を「代表」するとされています。近代国民国家は、大規模で、主権者市民が一堂に会して審議・決定を行うことは困難、あるいは不可能なので、こうした物理的・技術的理由から、代議制をとることとなったと、一般に説明されています。また、政治的決定の難しさや、困難さに鑑みて、他の社会・経済的諸機能と同様、政治においても、「分業化」し、「専門分化」することには、メリットがあり、必要性があるということから考えても、「職業としての政治」の専門への分化の必然性は、否定できません。しかし、微視的に見て、数百人の国会議員が数千万人の市民有権者の意思を、そのまま忠実に表現できないことは自明です。そこで、この「国民代表」を制度として採用している根拠について、分かりやすく説明してください。

櫻井　「代表」の観念、あるいは制度は、「多数決」の場合と同じように、昔からありました。たとえば、古代ローマの共和制では、元老院が全人民を「代表」し、元老院の決議が「全人民の意思」と「みなされて」いました。ローマの領土拡大によって一人の強い指導力が必要になると、元老院の推挙する「皇帝」が、全人民を「代表」し、その意思が「皇帝の至上命令としての法（＝imperium）」であるということになりました。中世のヨーロッパでも、「王」は、全人民の「代表」であると考えられていました。これらの旧い例では、代表者は、被代表者の意思を踏襲する必要はなく、選挙も必要ではなかったのです。貨幣経済が確立する以前は、「王」は、「人間」を「代表」するよりもむしろ「土地」（＝王国）を代表するものと、考えられていました。その理由については、後述します（第三章、参照）。

これと比べ、近代の代表制では、選挙が必要条件となっています。多数決の場合と同様、自由＝自律の理念が基礎にあるため、代表者は、被代表者と同じような判断ができるような者でなければならない、と考えられており、選挙のみが、それを確保できる手続きである、と考えられているからです。

この場合、選挙人とその代表者を「個人」として考えたのでは、この解釈はできません。代表者は、選挙人よりも、はるかに数が少ない個々人から成るので、個別的に選挙人の「代理」となることはできません。選挙人は、実際には、自分の特定の意思を委託するのではなく、自分の代わりに無制限に、代表者に意思決定を委ねてしまうのです。だから、選挙は、団体としての代表（＝国会）が人民（＝選挙人団）の意思を「大体」反映することができるものと「みなし」て、言い換えれば、国民の意志の「縮図」として、表明するものだと「みなし」て、代表を「信頼する」ことによって、成立する、という関係であること、を意味しています。

このような信頼が成立する根底には、多数決制の場合と同様に、社会構成員の間に有機的結合と一体性・同質性がなければなりません。長い時間をかけて醸成されるnation意識がまだ整っていない社会、たとえば、中国のように、氏族や部族や宗教・宗派のコミュニティーや、エスニック・グループ（ウイグル、チベット、モンゴルなど）が基本的結合体として残存している国や、産業の発達が遅れているために、小さいパイ（＝国民総生産）をめぐって、階級対立が激しい、低開発諸国において、代表制を導入し、運用しようとすれば、選挙がきっかけとなって、紛争・分裂がおこりやすいのです。

第三章

政治体制の経済的、社会的基礎

―経済社会の原理―

芝田　「国民国家」のような「政治社会」は、最強の「政治力」をもった「与党」が、国家の制度を通じて、「統制意思」を決定し、執行するという実態が分かりました。この「政治力」の中身は、人、物（財や武器）、および、「正当性」であることも理解しました。その中で、「正当性」という精神的な要素については、後ほど説明していただくことにして、考察の対象を、肉体をもった人間と、経済力という、フィジカルな要素に限れば、それらが結局、「政治力」の実質的な基礎となり、それを最大化した集団が、国家の制度を通じて、「国家権力」を行使する、ということになります。要するに「経済力」を「政治力の重要な基礎」、つまりは、「権力の源泉」と考えるならば、それを「支配」するグループが、権力者として「支配する」こととなるのではないでしょうか。

櫻井　その通りだと思います。それを仔細に検討し、「経済社会のメカニズム」を明らかにすることが、「政治社会の原理」を明らかにするうえで、重要だと思います。

西欧で、近代国家が生まれつつあったころ、「社会契約論」が現れて、その中では、一群の人々が、「自己保存と幸福」を求めて、社会契約を結ぶ合意に達した、という議論が展開されていいます。そのことは、各人の持つ力が全部結集されて一つの最大の力を造ったことと同じ、と考えられていました。ルソーの「一般意思」は「主権」と同じと考えられていたのです。そこでは、各人の持つ「力」は、「体力」と同じと考えられていました。

ところで、個々人の体力は、食糧を常に確保することによってしか、維持できないものであることは、言うまでもありません。したがって、人力を確保し、維持するには、食糧が要り、兵力とするには武器が要る、ということになります。したがって、また、政治力の源泉は、「物の生産の源泉を兼ねた体力」ということになります。経済活動は、「生きる」に必要不可欠な手段ですが、この、経済的価値を生産する活動の態様が、歴史的に発展し、変化していることは、周知の通りです。したがってまた、「政治力」の源泉も、歴史的に発展し、変化する、ということになります。

われわれは、この経済の発展を、三段階に分けて、その「源泉」をしっかりと把握することで、「政治的支配」の発展の仕組みを押さえることができる、と思います。

経済発展の三段階

・ステージ一＝自然経済モデル

これは、狩猟・採集、農耕・牧畜を主たる産業とする経済形態で、この方法で得られた生産物が、生きるための「価値」となる経済形態であり、発展段階です。物の交換は、物々交換によります。この経済基盤は、狩猟・採集経済の段階と、農耕・牧畜経済の段階とに分けられますが、特に後者の「農耕・牧畜」の段階、つまり農業経済では、生産の要素としては、後で説明しますが、人間よりもむしろ「土地」の要素が重要性をもちます。そこでは、一定の土地の上に組織された人間集団が生産単位となりますが、労働者が生産する作物の大部分は、地主のものとなりました。労働者は、労働の対価としていくらかの分け前を受け取りましたが、それは、生活のために消費されて残りませんでした。この経済形態においては、幸福を求め、豊かになろうとすれば、技術革新がないかぎり、土地を拡張・支配することが必須となるため、限りある富の源泉である土地をめぐる争いが激化して、暴力的な争奪戦をもたらし、強者の土地支配を結果することとなりました。労働の供給は、一般に、土地に比べて、相対的に過剰なので、労働者への分配は、極小化されることになりやすいのです。したがって、この経済形態の下では、土地を支配する者、つまり、地主が、その土地の生産物の「大部分」を支配し、実力者となったのです。事実、この自然経済の時代には、自ら兵力となり、農奴を兵力に組織することができた者が、政治的支配者となっていました。「腹が減っては、戦はできぬ」という言葉は、平凡だが、権力源に関する深い真理を表しているのです。

この時代は、社会面では、この闘争で示される戦闘能力の不平等が、身分制・階級制となり、文化面では、武力の価値が賛美され、戦闘能力に関わる知恵（＝権謀術数）、勇気・忠誠などの精神的な価値が称揚され、武具・甲冑など、戦闘や殺人の道具が、本来の目的を超えて、芸術作品にまで高められ、女性よりも男性優位の価値体系が一般的になりました。ドイツのドレスデンに現存するザクセン城は、勇猛なザクセン族の価値観を示す、戦闘美学の結晶ともいうべき、武具・甲冑の絢爛・華麗な「芸術品」が、これでもか、これでもか、というほど、並べられているのが、印象的です。

・ステージ二＝貨幣経済モデル

「貨幣経済」とは、市場が発達し、貨幣が、価値尺度機能・交換手段機能・価値保存・増殖機能を持ち、人間が生きるに必要となる財やサーヴィスを自由に支配できるため、「価値」の中心的な「実体」と「信じられる」ようになって、生産活動は、貨幣増殖の手段にすぎなくなるような経済形態を指します。この経済形態においては、貨幣を増殖しようとする熱意が、技術の改良と生産力の著しい発展・増大を促進するのが特徴になります。

自然経済の下で発展してくるこの「貨幣」経済は、自然経済の構造と、その上に立つ社会関係や文化を大きく変革し、政治構造をも変えてしまうインパクトを持ちました。

貨幣の流通が普及すると、労働力を持つ者は、誰でも、つまり、「土地」をもたなくとも、貨幣を賃金として獲得できる者であれば、「価値」の生産者・所有者となれます。その反面、農産物を収納する地主も、これを売って、貨幣に換えなければ、「価値」の生産者・所有者にはなれなくなります。食糧をいくら貯めても、長持ちさせることはできません。だから、地主は、農産物を売って、貨幣に替えますが、その際、自分で収納して自分で売るよりも、小作人と契約して小作料を受け取る方が合理的で、効率が良くなります。だから、農奴は解放され、小作料は物納制から金納制へと移行してゆきます。そうなると、小作人や、そこから成りあがった独立自営農民は、正真正銘の「価値」の生産者・所有者、つまり、「独立した個人」となることができます。西欧の近代化過程を研究した松平齊光は、この動向を重視し、これを、「貨幣経済の発達に伴う権力源の細分化・個人化の法則」と呼んでいます。

貨幣を獲得・保持できれば、だれにも依存することなく一人で生きられる、ということを意味する、この「個人化」は、貨幣経済発生の地である都市で、最も進みました。都市では、徒弟や職人は、物を造って賃金を受け取ります。生産物は、親方のものですが、賃金は、徒弟や職人のものであり、彼ら一人ひとりのものとなります。彼らは、農村で働くよりも共同作業や共同生活の束縛が緩く、貨幣さえ取得でき、所有していれば、自立できるようになります。こうして、西欧ではこの移行期に、「都市の空気は自由にする。」という意味深長な言葉が、はやったのです。

この個人化の進行は、宗教面では、個人の良心の自由を解放したプロテスタントの改革運動となって現われ、政治思想面では、「個人」の「自己保存のための社会契約」論として発現しています。

人間は、「社会的動物」なのですが、近代の「個人主義」は、制度化されて、個人の自由という貴重な価値を「聖化」し、人間平等、男女平等を促進する半面、極端に進めば、「孤独な群衆」の出現にも繋がりかねない可能性を、あるいは、非婚化の亢進で、人口減少の傾向にも繋がりかねない作用をも孕んでいる、といえるのではないか、と、私は考えています。個人の自由は、人間生活にとって重要ですが、すべてではないということは、忘れ去られがちです。というのは、人間は、空中に一人で浮遊して生きられる生物ではなく、生きてゆくためには、水と空気と土地と「社会」がなければならないからです。「自然」と「社会」と調和しなければならないのですから。こう考えてくると、「個人主義」とは、「労働価値説」と同様、他の諸価値を低く評価するか、無視するかして、「最も重要と考えられる価値」を強調する、一つの「原理主義」であり、「イデオロギー」であることが分かると思います。

・ステージ三＝エネルギー経済モデル

これは、原子力などの、巨大エネルギーを生活と生産の基幹とする経済形態で、今後発展してゆくと予想される政治力の源泉です。そこでも、「貨幣」は流通していますが、記号化、暗号化が進み、発展し、拡大した生産も、向上した生活も、巨大エネルギーに依存しなければならなくなっています。早くも、一九七〇年代に起こった「石油ショック」の実例や、二〇二二年に、ロシアのプーチン大統領が、ウクライナの原子力発電所に加えた「核ジャック」や、西欧への石油・天然ガスの供給停止などのように、貨幣があっても、貨幣ではエネルギーを支配・制御できるとは限らないような経済形態です。このステージでは、エネルギーを生産・供給・管理・保障する人々や組織が、「政治力」の源泉となる可能性があると、予想されます。アラブの産油国が、その「市場経済社会の発達」によるのではなく、「石油資源の支配者であるゆえに」、国際政治における影響力を持っているのは、その理由によります。石油資源ももたず、土地も無いに等しいシンガポールが、非常に豊かな生活をエンジョイしているのは「貨幣経済」によるのと、対照的です。

「支配」の意味

芝田　「政治力」の源泉が、経済の発展段階によって、それぞれ、「土地の支配者」、「個人」、「エネルギーの管理者」である、とモデル化されましたが、そこで、それらを「支配する」とは、どんな意味ですか。

櫻井　「支配する」とは、簡単にいえば、人が人に命令し、服従させること、と考えてよいと思います。しかし、このことは、さほど簡単なことではなく、人が人に命令し、従わせるのには、実際には、「価値の交換」が伴います。そうでなければ、「支配」は成り立たないからです。

われわれの考察のためには、この「支配」を、交換される価値の違いを基準として、「経済的支配」と「政治的支配」とに二分するのが、分かりやすいと思います。

まず、「経済的支配」ですが、これは、支配者（命令者）と被支配者（服従者）との間に交換される価値が、ともに経済的価値である、という関係です。これに対し、「政治的支配」とは、支配者の提供する価値が、秩序・安全・制度など、政治的価値であるものを指します。

たとえば、中世の領主が持っていた領主権においては、領主が、課税権・裁判権などの支配権を持っていましたが、領民への給付は、外敵からの防衛と、秩序の維持だけであったから、政治的支配です。領主がその直轄地を小作人に耕作させていた関係は、土地の使用権を提供し、地代を受け取っていたから、経済的支配です。西欧の封建契約における主君と臣下の関係は、保護と臣従の交換だから、政治的支配です。現在見られる会社の経営者と従業員の関係は、労働と賃金の交換だから、経済的支配です。貨幣経済を基礎とする近代国家における、国家と市民としての個人との関係は、「価値」の生産者となった個人（便宜上、個人とされる「法人」も含む）が、主として、納税によって国家に寄与するが、国家から受け取る反対給付は、主として、安全と秩序だから、「政治的支配」、ということになります。

「政治権力」の意味

櫻井　なお、これまでの議論と関連しますが、政治学上よく用いられる概念としての、「権力」や、「政治権力」、「国家権力」の意味を、ここで、明確化しておくことが混乱回避のために、必要と考えます。第二章で論じましたように、社会集団一般の統制意思を定立する力は、「その社会において、制度によって正当化され、その制度的権威を帯びた政治力」を指し、これを、「一般的に」、「権力」と呼び、「国家」の制度によって正当化され、その権威を帯びた権力を「国家権力」と呼ぶことが適切だろうと考えます。なお、国家内部の結社や家族など、仔細に見れば、「統制」現象、「政治」現象が認められても、政治を第一目標としている結合体ではないので、日常的には、それらを「政治社会」とは意識していないのが普通でしょうから、そうした諸集団の政治（学内政治とか、社内政治とか……）に関しては、単に「権力」と呼ぶことが、理にかなっていると思います。

フランスの政治学者G・ビュルドーは、「政治権力」の概念について、厳密は定義を示しました。彼は、人間の社会を、「全体社会」と「部分社会」とに区別し、前者は、社会の「結合それ自体」を目的とする社会、を指し、後者は、「当該集合体（＝社会）固有の目的の達成のために」「結合」が行われている社会、を指します。この考え方では、歴史的に存在した、それ自身の結合を自己目的とする「全体社会」には、未開社会の氏族や部族のほか、中世の封建王国も、つまり、先に示した「国家」の定義からは外れた結合体の「統制（government）現象」も「政治」にはいることになり、そこで統制意思を定立する力は、「国家権力」ではないが、「政治権力」ではある、ということになります。したがって、未開社会の氏神を祭る「祭りごと」を指す「政治」の語源とも矛盾しないことになります。したがって、また、現代国家の中の自治体や、組合や、政党や、会社や趣味の団体や家族などなどの結合体は、「部分社会」に入るので、そこでの統制力はその結合体の規範・理念によって正当化された「権力」ではあるが、「政治権力」では、ない、ということになります。ここで、たとえば、自治体は、地方行政という目的を第一とする結合体であり、そのための権力があるということになり、労働組合は、「労働条件の改善のため」を目的にした結合だから、政党は、権力を獲得することを基本目標とする結合だから、会社は、営利を目的とする集合体だから、趣味の団体は、スポーツや音楽やその他もろもろの趣味の価値の追求のための結合だから、家族は、愛と、人間の再生産を第一目標とする結合だから、そこには、「権力」はあっても、「政治権力」はない、という風に区別できます。ビュルドーの定義では、「国家」は、「共通善」である「結合それ自体」を目的とする点で、ユニークな結合体とされているのです。

封建王国から市民革命への移行
—王の人民に対する「間接支配」から、「直接支配」へ—

芝田 ところで、西欧の「封建王国」における王の支配は、領民支配の政治権力に基づく、諸侯＝「領主たち」という、「同輩」の中の第一人者、いわゆるプリムス・インテル・パレス（同輩中の第一人者）（primus inter pares）による支配でしたが、その体制から、近代国家へと進化してゆく過程を、この支配の仕組みから説明すると、どうなりますか。

櫻井 王と諸侯との関係において、王は、王権力の源泉「であるべき」土地、つまりは「王国全土」の支配者には、なっていません。諸侯は、自領地内の一部を経済的に支配し、他の部分を政治的に支配していたので、王の支配が、底辺の農産物の生産者層に及ばないように、中間で妨害していた構図になります。生産源の「支配」とは、価値の収奪に他なりませんから、王の権力が最大になるためには、中間的諸権力が最小になることが必要になります。王権は、他の諸侯にはない、宗教上の正統性をもった「神授権」という特権をもち、発展してくる都市の直接支配を通じて、常備軍を整備し、自己の権力を強大化し、諸侯の裁判権を奪い、王立裁判所を通じて全国一律の支配を広める、などなど、土地貴族の政治力を弱めることに成功した時、西欧では、「絶対王政」と呼ばれる段階に到達しました。さらに、「市民革命」を経て、貴族制を廃止し、都市民、農民を問わず、国内のすべての生産者層を、「個人」として（便宜上個人とみなれる法人も含めて）直接支配するに及んで、近代国家に生まれかわるのです。

市民革命のメカニズム

櫻井　フランス革命を典型とする市民革命を、その権力基盤から見てみれば、全国を制したかに見える、「絶対主義」と呼ばれる王権も、王の「権力核」の収入の源泉は、自然経済下の大領主の一人にすぎませんから、基本的には農業からの収入しかありません。「絶対王政」の発展に最も貢献したのは、新しい「貨幣経済」の発展によって潤う、都市からの献金と税金と人材供給です。これによって、常備軍と官僚機構は整備され、国家財政収入も増大しました。しかし、支出も増えました。貨幣経済の発展は、治安維持など国家本来の費用のほかに、貿易の発展、植民地の獲得・経営、植民地戦争、国境紛争などで、王国の財政支出の激増をもたらし、王が「王国の政府」として行う財政の赤字を招きました。王の政府はその穴埋めに、都市民（ブルジョアジー）に献金を要求し、国債を買わせましたが、これらによって得られた財源は、王の私的流用には使えません。増税によって負担が増え、その上に国債が焦げ付けば、引き受けた都市人は、再生産を脅かされ、反抗的になります。貴族・諸侯も、貨幣経済の発達で、王と同じく「自然経済の支配者」として、経済的実力を削がれて、落ちぶれます。そこに「人間平等」の啓蒙思想が広まり、「個人化」して上昇してくる都市民と農民は反抗的に一元化してゆきます。こうして、貨幣経済という大海の中で、経済的には「孤島」となった王や貴族は、排除されるか、無力化されることとなりました。この暴力的決済が「市民革命」と呼ばれる政治変動です。

自由民主主義国家ができ、貨幣経済（市場経済と言っても同じです）が、さらに発展するにつれて、権力の源泉である「個人を直接に支配する組織体」は、国家の他にも、増殖し、拡大してきます。たとえば、大企業への富の集中・集積は、デュヴェルジェが指摘したように、現代における「経済的封建制」の出現につながる傾向をはらんでいる、と問題視されることがあります。

こうした間接支配の媒介者の力を制限し、権力の源泉である生産者層を直接的に支配することが、国家権力を確立し、安定化し、増強する道ですが、支配を維持してゆくためには、被支配者の再生産の余地を残しておくことが不可欠です。それができなければ、権力の源泉は遅かれ早かれ、枯渇してしまいます。「角をためて、牛を殺す」のではなく、「ミルクを採るには、牛を肥やす」のが大事なのです。国家の政治生活の根底には、国家権力と、個々人（ないし個々の生産者）、との間に、上記のようなギブ・アンド・テイクの関係があり、「原理的」には、「暗黙の社会契約」がある、とも言えるのです。

豊かに生きる道

芝田　人間は、いつの時代でも、「豊かさ」を求めてきましたが、「物質的な豊かさ」という点だけをみても、歴史を振り返り、また、現在の世界を見渡しても、これを大衆のレヴェルで実現したと言えるのは、現在の先進諸国だけのように見えます。飽食による肥満や生活習慣病などが一般的な問題とされているのは、先進国の中でも、最近の現象といえましょう。このような状態をもたらした要因は、貨幣経済・市場経済にあると言われます。そこで、この経済形態がどういうメカニズムで豊かさをもたらすのか、もう少し詳しく説明してください。

櫻井　豊かに生きるとは、「物心両面」にわたって、自由に生きるということだと思います。精神面については、西欧近代国家では、思想、信条、良心の自由、信教の自由などを、憲法で、基本的人権として保障することによって、対処しようとしています。われわれが、ここで論じようとするのは、この「物心両面」のうちの物的（physical）な側面です。

この面で、人が豊かに生きるということは、生命を維持してゆくのに必要な財と人、ないし人の用益（＝労働・サーヴィス）を、必要に応じて自由に使用したり、消費したりできるように、それらを自分の意志の支配下に置くこと、と定義してよいでしょう。

ここで、これらの役に立つ財や人やサーヴィスを「価値」と表現し、それを自分の自由意思の下に置くことを排他的な「支配」と言うとすると、この支配的地位を、われわれは、「所有」と称します。この支配的地位＝「所有」とは、内的には、自由処分の可能性を意味し、外的には、それについて、外部からの干渉がないことを意味します。平たく言えば、暮らしに困らない、他人に頼らずに、生きてゆける、ということです。

ここで、「人」については、「所有」することはできないのではないか、という疑問が起こるかも知れません。が、「人」と言っても、自分と他人とがあり、自分については、誰でも、自分の心身は自分のものと思っているでしょう。現代では、他人の心身は他人のもので、「自分の所有」に移すことはできない、というのが、常識です。これは、近代では、「人格」の観念が発達したため、一般化した考え方です。が、「自分」と「他人」はそれぞれの心身を愛する点で、「同じ」である、と「想像」することはできますが、同じであることを完全に証明することはできません。喧嘩をする時の興奮状態においては、相手の「人格」を認める気持ちは、瞬間的に消失しています。相手の「人格」を認めず、自分と他人を別のものと見るならば、他人は、人間であるよりもむしろ「物」となることも、ありえます。古代の奴隷制では、戦争での捕虜や、債務不履行者は、奴隷として、他人の所有物となり、家畜と同様、子を産むことで、主人の所有物を増やしていました。それが常識だったのです。

価値を「所有」するための方法

自分が豊かに生きるために、自分にとって「価値」があると認める人、および物を、自分の「所有」に取り入れる行動には、原理的に、三種あります。

第一は、「略奪」です。これは、他人の所有領域内にある価値を、その人の了解を得ないで、自分の所有領域に移す行為です。第二は、「交易」です。これは、他人の所有領域内にある価値を、その他人の承認した等価物と交換する行為です。第三は、「生産」です。これは、自己の所有領域内で、新しい価値を創造する行為です。

「価値」とは、特定の物や行動が「自分」に与える快さ、です。それは、物や「行動（＝用益・労働）」と「自分」との「関係」の内にあるもので、物や行動に内在する属性ではありません。価値の第一原因は、「自己」の「主観」の側にあり、行動や物の側にあるのは、この第一原因の要求に応じて発動する、人工の（作為の、労働の）結果、または、偶然に起こる自然発生的適応の結果です。なお、「価値」の獲得には、必ず、「価値」の喪失が伴います。それは、先に述べた「支配」に、「価値」の「交換」が伴うのと同様です。そのしくみを次に見ましょう。

① 略　奪

略奪は、物や人を暴力的に奪う行為だから、只取りのように思われるかも知れません。しかし、実は、最も費用のかかる方法なのです。まず、第一に、これから取得しようとする目標物が真に価値のあるものか、事前にはよく分からないからです。第二に、被征服民を奴隷として、数多く連れてくると、国内で、食糧難をもたらすおそれがあるからです。第三に、略奪は、相手の反対を押し切って行われるので、必ず、闘争を伴い、人命・財産の消失を伴うからです。第四に、成功しても、後の防衛のための費用が大きいからです。第五に、被征服民は、敗北と略奪とによって、生産力が激減し、価値を供給し続けることが困難になるからです。第六に、征服者は、征服を続行してゆかない限り、収支のバランスが取れず、征服地は、地球上の利用可能な面積には限りがあるので、遅かれ早かれ限界に達します。それゆえに、拡大が止まると、没落に転ずることになるからです。これらの理由から、略奪によって豊かさの維持・拡大のための収支のバランスを保つことは、不可能になります。ローマ帝国の拡大と没落から、元寇の失敗、近くは、プーチンのロシアのウクライナ侵略など、歴史は、こうした誤算の例に満ちています。これは、大きな歴史の教訓の一つと云えますが、人類がこの教訓を十分に学んだとは言えないでしょう。

②　交　易

交易は、「交換価値」という特殊な「価値」を生みだすことで、人類の「豊かさ」のために最も効果的な「打出の小槌」となりました。

略奪が相手に損害を与えて価値を取る方法であるのに対し、交易は、相手に利益を与えて価値を取る点で、違いがあります。交易でも、できれば只で貰いたいのですが、それでは相手が承知しないので、相手が同意してくれる最小限の代償だけを渡して、欲しいものを入手するのです。このとき、受け取るものの「欲しさ」と、与えるものの「惜しさ」は、心の中で釣り合っています。この「欲しさ」と「惜しさ」が、「交換価値」です。受け取った価値の種類をR、その量をa、与えた価値の種類をG、その数量をbとすれば、Ra＝Gbという等価意識が、取引する自分と相手の心の中で出来上がっているのです。両当事者の主観の内でも、両当事者の間で客観的にも、成立しているのです。

多くの人々の間で、多くの種類の財やサーヴィスの交換が広まっていくと、各種の財やサーヴィスの価値が、数量的に意識されてきます。それを示すために、特定の財が価値の「尺度」（＝ものさし）の機能を果たすようになり、その財の「使用価値」の側面が忘れ去られて、「欲しさ」、「惜しさ」の測定基準としての役割を担うようになります。これが「貨幣」です。貨幣の流通によって、様々なものの価値は、「流通圏内において」、客観的に成立するようになります。それが、「価格」です。物の使用が「自己」に与える満足度が、「使用価値」で、その物を入手したいとする際の「欲しさ」、そのために失わねばならない物の「惜しさ」、つまり、物の取得に要する犠牲量が、「交換価値」＝「価格」となります。

ですから、物の価格は、その物の希少性に比例して、増減します。Rの量が増えれば、Rの価格は安くなります。空気や水は、只と感じられるようになります。使用価値が第一義的な価値であるとすれば、交換価値は、第二義的価値であり、物やサーヴィスを自己の所有領域内に移し入れる際の困難さを意味します。物やサーヴィスを自己の所有領域内に移し入れる際の困難さは、略奪の場合にも生じますが、それは、交換価値とはなりません。ただ、略奪の結果、「高くついた」とか、「骨折り損のくたびれ儲け」とかの評価ができるだけです。

交易が発達してくると、職業人としての「商人」が現れ、各種の物資の客観的価値（＝価格）が成立し、「自己」は、個人的評価者としてではなく、交易圏の判定を信頼し、その価格で、取引に参加するようになります。けれども、「自己」の個人的評価は、社会的評価である「価格」と並行して存続し、特定の物やサーヴィスに対する「自己」の必要感、あるいは、欲望の、高まりや低下によって、「欲しさ」を強めたり、「惜しさ」を強めたりするので、客観的に成立している価格で取引しても、取引した方が「トク」と思ったり「損」と思ったりして、取引をしたり、思いとどまったりすることになるのです。取引価格は、市場によっても違うし、同じ市場でも、受給の変化によって変動するので、安いところで、あるいは、安い時に、買った物を、高いところで、あるいは、高い時に、売ることによって、貨幣の所有量は増加します。ゆえに、交易は、「価値」の生産方法の一つとなるのです。

③　生　産

価値を獲得するための第三の方法は、生産です。これは、原料、施設・設備、人的協力（＝労働）を費用として、投下することによって、新しい価値を創造する行為です。人的協力を獲得する方法としては、古代の奴隷制のように、人そのものを確保する方法と、交易の原理で協力（＝労働）を入手する方法とがあります。市場原理で入手する場合、困難な労働、あるいは、希少・貴重な労働力は、高価になります。

この点で、「労働価値説」は、労働力の評価に関して、実際に作用している原理を無視し、生産活動における労働の特権的地位を強調すし過ぎる点で、誤っています。労働力は、労働の種類によって、また、労働の需給によって、価値が定まるのが、実態です。この説が、主張されたのは、産業革命が始まったころ、まだ、企業の規模も小さく、数も少なく、そのため、全体として雇用能力が小さく、半面、未熟練労働者の供給が過剰であった時代背景の下、悲惨な生活に追い込まれていた労働者の救済をアピールする「哲学」（＝イデオロギー）として、広まった学説にほかなりません。

以上の価値獲得法のうち、われわれの生命の維持と豊かな生活を実現しようとすれば、交易と生産によるほかに道がないことは、明らかです。

近代国家の目的であった「自己保存と福祉」を実現し、維持するためには、生命の維持とゆとりある生活のために、消費される価値と同等以上の価値量が常に生産されていなければなりません。生産・交易によって流入する量が、こうした生活のために流出する量に追いつかなければ、われわれの生活は、「ジリ貧」に陥っていくことになります。

④ もう一つの基本的要件としての、「政治の費用」

交易と生産には、政治的費用が必ず伴います。政治機能が働いてこそ経済活動が成り立つという事実は、当たり前すぎて、日常的にはその重要性はほとんど感じられないことでしょう。しかし、それは、基本的、かつ、不可欠の機能であり、費用なのです。

第一に、交易が行われるための前提として、政治的費用の負担が欠かせません。交易が行なわれるためには、交易圏内の人々の間に、人格尊重の意識が保たれていることが不可欠です。それがなければ、人々は、相手の納得する価値を提供するようなことは考えず、すぐ、略奪に走るでしょう。人格の観念が確立していなくても、少なくとも、取引する前後だけは、関係者を大切に扱う心構えを造っておくことは、不可欠です。原始社会において、同じ神を拝する祭日に交易が行なわれたのは、そのことを示しています。交易が行われる環境は、自然発生的に出来上がるのではなく、信仰と慣習に基づく犠牲的出費がなければ、成り立ちません。現代人の目に、交易がいつでもどこでも行われるように見えるのは、政治機構の発達と相まって、市場制度・貨幣制度が確立し、それら「公共財」の一切の費用が、すでに、税金として各人に割り当てられているからです。

第二に、政治的費用は、交易の前提として、だけでなく、生産の前提としても、賄われなければなりません。何よりもまず、交易が十分に発達しなければ、生産も発達しません。生産は、交易を前提としてのみ、分化し、発達します。原料の入手も、生産物の分配も、交易によって可能になります。生産は、さらに、法秩序と、実力による防衛を必要とします。政治権力による保護がなければ、生産の安全を確保することはできません。

したがって、社会全体として見れば、これらの費用は、経済活動の基礎を造るために不可欠の費用なのです。社会内で行われる交易と生産の合計が、この費用を賄うに必要な剰余価値を産み出していくのでなければ、経済活動全体がジリ貧に陥ることになります。この費用を各企業体に分担させて考えれば、各企業体（個人の生産も、微視的に見れば、一個の企業体の生産です）は、

①それ自身の生命の維持に必要な経費、②「ゆとり」に必要な経費、③交易に必要な経費、④生産に必要な経費、⑤社会全体の政治的費用の分担額、の合計額を獲得してゆかねばなりません。これら①から⑤までの総計に当たる価値量は、微視的にも、巨視的にも、つまり、個人の生活にとっても、家族にとっても、会社や国家などの団体の存続にとっても、入手し続けてゆかなければ、ジリ貧に陥ることになります。

芝田 様々な人が自由に商売を始めて競争が活発化して、その結果として消費者に良い結果がもたらされる。このように一般には思われがちですが、実際には自由経済の結果として価格が割高になったり、品質向上が実現されなくなったりして、市場に任せきりではうまくいかなくなることがあります。先ほどの場合は「自然独占」と言われるものでしょう。こうなると、政府が独占企業の行動を規制するなどの行動に出る、つまり「政治の費用」が掛かるようになる訳ですね。あるいは、別の例として「公共財」が挙げられます。「公共財」についても「政治の費用」が掛かります。ある商品を手に入れたり、サーヴィスを受けたりするためには見返りとしてお金を払うのが当然ですが、中には自分は払わなくとも他の人が払ってくれて、それで自分も同じように「おこぼれ」にあずかれるように見えるサーヴィスがあります。これが「公共財」です。つまり、費用を払わずに便益だけを受け取ることが可能なサーヴィス、「ただ乗り」ができるように見えるサーヴィスのことです。ただ、問題なのは、すべての人がこうした「フリー・ライダー」になろうとした場合、最終的にはサーヴィスそのものが提供されなくなってしまうことです。こうしたサーヴィスは人々の自発的な意思に任せていては供給されませんので、結局、税金という形で強制的にお金を集めてそのようなサーヴィスを提供する以外に方法は無くなります。こうして、強制力をもつ政府が登場する、つまり「政治の費用」が掛かることになるのです。

櫻井　この点に関連して、よく「市場の失敗」という表現が用いられますが、それは市場そのものの価値についての人々の公正な理解を歪めかねない表現と思われますので、それは適切ではありません。「市場」とは、厳密にいえば、財やサーヴィスの交換「関係」を指す抽象概念です。その「関係」という概念には、人間が行動できるための具体的・物理的な「時間・空間的な場」は含まれておらず、この「市場」を現実化するには、人間の交換行為を現実に可能にする「時間と空間」を確保し、かつ、この交換行為を阻害する諸要因から交換の機能、つまり、「自由な交換」を保障するサーヴィスがなければなりません。それらは、抽象的な「市場」には備わっていないわけですから、市場の実際の機能を可能にするための、市場外部からの用益の提供としての「公共財」の確保があって初めて、取引は可能になる、ということです。ですから、「市場の失敗」ではなく、市場それ自体には欠けている、という意味で、「市場の欠陥」という方が適切だと、私は考えます。市場の自由取引を歪めたり、自由・公正な競争を妨げたりする詐欺・横領・略奪など、「人間」が犯しかねない不正行為・不法行為が、「打出の小槌」という市場の「幸福な機能」を阻害することがあるので、公平で自由な取引を保障するための安全と秩序維持の機能が不可欠であり、この「公共サーヴィス」（＝公共財）の提供のために政治的費用がかかる、ということなのだと思います。市場は、自由競争の結果として、独占企業を生みだしたり、独占企業による支配が実現されれば、自由で公平な競争は妨げられることになります。そういう場合は、確かに、市場「そのものの欠陥」があらわれる例だと思います。そのような場合にも、当然、自由・公正取引のための権力の介入が、必要になります。そのほかにも、インフラの提供・整備など、市場機能を円滑に発揮できるようにする、公共財の提供が、政治的費用として、税金で賄われている、ということなのだと、考えます。

自然経済から貨幣経済への移行

芝田　さて、「社会的動物」である人間が「自己保存」を確保するためには、社会を統合する「政治機能」が不可欠であり、そのためには、また、「経済的価値」の獲得のために、「経済的費用」に加えて「政治的費用」がかかる、ということが分かりました。人類史を概観すれば、人間の経済活動が、「自然経済」から「貨幣経済」へと、「発展」してきていることも理解できました。この発展過程で、デュヴェルジェのモデルで示された全体社会（S）、経済（E）、階級または階層（C）、イデオロギー（＝価値観などの文化の態様）（I）、政治体制（P）が、どのように変化してゆくのか、一般的に説明するとすれば、どうなりますか。

櫻井　人間が「社会」として生き残ってゆくには、「政治的費用」も含めた「再生産」を確保してゆかなければなりません。採集・狩猟・漁労という最も古い形態では、獲物や収穫は、当該集団の地理的環境によって決定づけられていますが、同時に、神霊の意思によって左右されるという、「宗教的信仰」によっても規定されていました。自然環境からの価値の取得（E）は、当然のこととしてカッコの外におかれ、神霊との媒介者（たとえば、巫女や族長）の暮らしや祭りの費用が、集団によって賄われることになり、この信仰という、支配的イデオロギー（I）に基づく、宗教的・政治的支配者（C）が中心になって「祭りごと」（P）が行われる、というデュヴェルジェのパターンになります。農耕・牧畜の段階でも、宗教的権威が重要な役割を担う、このパターンは残ります（中世における教会の影響力がそれです）が、この農耕・牧畜経済の下でも、物や用益の価値は、その「使用価値」が知られているだけで、異種の物や用益の間では、価値の計量的把握や比較はできません。そのため、この農耕・牧畜の段階では、社会として生き残るための社会全体の「再生産」のため、農業の基盤となる「土地」を重視する、価値観Ieが強くなります。したがって、

E→Ie→C→P→Ip（＝封建的道徳や権謀術数や尚武の精神・美学など）

という式になります。

農耕・牧畜には、「土地」と「労働」という生産要素の組み合わせが必要です。これらのうち、労働については、農奴を土地に緊縛し、最低限、大家族の組織を通じて、労働力を継続的に供給する方法を取る必要があります。筋力の強い成人が働いて、祖父母が、次の世代の労働力となるべき孫の育児を助ける、という組織です。この経済社会形態の下で、技術面の改善・改革が見られない場合、「土地」という要素の拡大こそが、価値の増大のための決定的、かつ確実な手段となります。それゆえ、土地こそ、「政治力」の源泉であり、社会集団全体の「豊かさ」のカギであるという価値観（Ie）が、拡大・浸透してゆきます。

こうして、自然経済の農耕・牧畜段階に生きた人々は、土地の所有主・経営主（C）を中心にまとまり、土地の防衛と拡張のため、協力・団結する関係（P）になったのです。土地は何物にも勝る使用価値をもち、何にもまして「欲しい」ものとなり、しかも、その面積が限られている希少物ですから、その価値は、無限に上昇し、平和な取引を不可能にします。そこから、土地の獲得には、「略奪」が常道となる事態が生まれたのです。交易がもたらす経済的効果が略奪の効果に勝るということが、広く浸透するまでは、人々は、土地の兼併によって闘争力を増強することに、「豊かな暮らし」の条件を見ていました。だから、政治的にまとまった諸集団の間では、征服と戦争が横行していたのです。わが国の大陸侵攻と満州国の樹立という、歴史的事実は、ごく最近まで、こういう文化が働いていたということを示すものです。

自然経済から貨幣経済への移行期の態様

櫻井　イギリスの社会学者、H・スペンサー（Herbert Spencer：1820－1903）が、社会進化論を説き、「軍事型社会」から「産業型社会」への移行を公式化したのは、慧眼でした。農耕・牧畜によって、生命の条件がある程度満たされると、祭儀・防衛・農耕のために用いられる祭具・武器・農具が改良されて、分業が盛んになり、欲望の多様化と、人口密度の高まりが進み、生産者と、消費者との分離が進んできます。人々は、他人が生産する物の入手を目指して、自分独自の生産を行うようになります。この価値の交換の可能性を意欲し、信頼し、また、そうした期待が保障され、安定されると、「市場」となり、次の「貨幣経済」へと移行していくことになります。

現実には、この貨幣経済の段階に入る前の自然経済においても、交易が行われない社会はありませんでしたし、市場も貨幣も知らない社会も、ありませんでした。ただ、そういう社会では、市場の数が少なく、その規模も小さく、当該社会の全体にまでは広がっておらず、ましてや、当該社会の外部にまで広がり、常態化することがなかっただけでした。その結果、初期の貨幣経済では、市場価格が安定性を欠き、交易の信用は、高いどころか、交易は、むしろ、詐術（ペテン）の類に入れられていました。商人の社会的地位は、わが国で「士・農・工・商」と言われたように、低く、賤業として蔑まれることすらあったのです。

この市場経済への「過渡期」のイメージは、現在でも、中東諸国のバザールで、売り手と買い手が、個人的に値切り交渉をして取引する販売様式に、残影として見られます。こうした市場では、いちいち対人的に値切り交渉を通じて、取引が成立したり、しなかったりするので、価格が不安定であり、一日当たりの商品の移動、つまり販売量は、いきおい少なくなります。したがって、生産も少なく、その産物の消費量も少なく、そういう社会の人々の暮らしは、豊かではない、ということの目印となります。江戸時代に、優れた商人が「現銀（げんきん）掛け値なし」の正札（＝定価）販売、や、「薄利多売」で繁盛したという話は、市場の発達と商品生産の質的向上と量的増大、したがってまた、大衆の消費生活が向上してきていたことを意味しているのです。

自然経済的要素が、圧倒的な比重を占めている社会では、物を生産しても、その需要が少ないだけでなく、努力して生産しても、その結果の損得が不確実に感じられるので、交易が発展しないだけでなく、技術革新の熱意も起こらず、工業生産も発達しません。しかし、市場が発達してくると、様相は変わってきます。まず、宗教上の祭日を期して、臨時の市が立ち、交易が行われます。そこで、市場の権威と信用を確保するために、宗教的権威が用いられます。今日でも神社

や お寺の縁日で見られる臨時の屋台店がその残影です。市場が安定度を増してくると、常設の町が生まれ、職業としての商人が活動するようになり、交易を目的とする工業生産が発達してきます。

こうなってくると、市場の安全の確保が、重要課題となってきます。なぜならば、市場の外部からの略奪と、市場内部での取引の不正や紛争を防止する役割と力とが必要となってくるからです。この役割は、自然経済の中で成立していた政治権力が引き受けることになります。この権力は、土地を占拠し、農耕を防衛するとともに、土地を奪取し、拡張することのうちに、「豊かさ」への道を求めた侵略勢力、つまり、武士でした（織田信長など、戦国武将の「楽市楽座」がよく知られています）。それが、今度は、相互の納得と、平和と、公平を原則として営まれる市場の防衛に当たることになります。この新しい役割が「主な役割」となったとき、近代国家が形成されてくるのです。

貨幣経済を基盤とする近代国家は、貨幣によって、富の計量化が可能となった結合体ですから、国家社会全体の再生産が生き残りの道である以上、この再生産の問題が人々の関心の中心となってきます。個人と企業と国家にとって、それが、生命の維持とともに、政治力の源泉となるからです。国民一人当たりのＧＤＰが、その重要な指標となる所以は、そこにあります。

第四章

政治体制の多様性

――比較政治社会論――

芝田　これまでは、政治の原理と、経済的・社会的基礎との関係について、ごく一般的、原理的な説明をしていただきました。近代以降、国民国家が成立して、いわゆる近代「西欧国家体系」ができているわけですが、それらの国家は、それぞれ、文化的伝統、宗教的信仰、発展のステージ、あるいは発展の遅速、歴史的経緯などの相違によって、特色ある政治体制をもっているように見えます。この違いには、これらの要因が、どのように関係しているのか、説明して下さい。

市場の論理と心理　―共通点―

櫻井　まず、諸国の政治体制の基礎としての共通点から、見てみることにしましょう。経済が発達し、自然経済から市場経済へと移行すると、市場経済の「論理」と「心理」が、「豊かさ」をもたらすとともに、社会と政治と文化を民主主義の方向へ変容させてゆきます。まず、その「論理」の方です。前にも述べましたように、市場経済は、生きるに必要な財やサーヴィスをいつでも支配できる「力」としての「貨幣」への信頼と欲望を高め、それが良いものを安く造り、より多く売れることを目指すイノヴェーションと競争を盛んにし、また、売れるためには、買う人が増えなければなりませんから、結局、大衆の消費生活を豊かにすることにならざるをえない、という論理になります。「心理」の変容も、市場原理から起こります。いわゆる「利潤動機」が人を動かすモーターになるのが、その一つですが、市場で取引をする場合、売り手と買い手は、互いに「対等」（あるいは「平等」）、の立場に立ち、当該財貨について、外部からの干渉がない「自由」な価値判断（＝値踏み）ができなければ、売買は成立しません。もし地位や身分の高い者が一方的に価格をつけて、身分の低い者に対し、強制的に買うことを命ずるような市場があるとすれば、そんなところに出かけてゆく人はありません。市場経済には、取引当事者間に「自由」と人格の「平等」という原則が不可欠なのです。さらに、人が生きるためにも、取引の安全のためにも、権力による保護が必要ならば、その権力も、自由で平等な人民の同意を得なければ成り立たないように仕組まれるのでなければなりません。誰を統治者にするか、を「選挙で決める」のが、その「政治的」取引です。

前近代の支配者と近代の支配者との対立・闘争の段階

櫻井　この点で、近代自由民主主義国家は、共通するのですが、この国家を確立するまでには、前段階の支配者であった君主・貴族と市民階級との権力闘争があります。この局面では、実際に、西欧では、都市の職人などの労働者と、これに依拠する市民との同盟が、近代的意識の遅れた農民と、それに依拠する地主・貴族階級の同盟との間の闘争、あるいは、都市と農村の対立という形をとりました。都市民（ブルジョアジー）が勝利すると、私有財産制に対する敵対者が、多かれ少なかれ、市民階級（ブルジョアジー）と決裂し、社会主義イデオロギーに結びつき、貴族と市民階級は、私有財産の防衛という共通の利益によって接近し、結合します。産業化が最も早く始まったイギリスでは、ブルジョアジーの台頭も最も早く、土地貴族が社会の階段を下りてきてブルジョアジーと妥協し、結婚などを通じて、融合していったのです（ジェントリー層の形成）。現在のイギリスの保守党は、昔は互いに戦っていた貴族とブルジョアジーが融合した政党です。このタイプの政党は、政治活動に必要な「士魂商才」という、ハイブリッドの能力をもった優れた指導者を生み出し、安定した指導力を発揮することができました。フランスでは、伝統的なカトリックの世界観が根強く残り、これを保持する保守勢力と、近代民主主義イデオロギーに染まったブルジョアジーとの対立は長引き、右派の同盟は進まないまま、長く尾を引きました。アメリカでは、保守主義の貴族とリベラルなブルジョアジーの間の闘争は、アメリカのイギリスからの「独立戦争」を通じて戦われました。「インディアン」と呼ばれた原住民が住んでいたアメリカには、もともと貴族階級はなく、イギリスにいる貴族と君主に対して戦う「平民」がいただけでした。だから、アメリカには、もともと深いコンセンサスがあり、「新しい共和国」は、純粋に自由民主主義のイデオロギーを中心に造られたユニークな国となったのです。

イデオロギーとしての宗教の影響

櫻井　ヨーロッパでも、スペインやイタリアのように、カトリック信仰が強かった国々では、貧民救済を、金持ちの「慈善」であり、「義務」とする考え方が強かったため、「慈善」を施せば、階級間の不平等は、問題にされることなく存続し、いきおい、自由・平等の思想は、それだけ浸透しにくくなる、という結果になりました。だから、フランス、イタリア、スペインなどでは、宗教が、自由主義に反対する保守主義イデオロギーの支え、となってきたのです。そこから、前近代と近代のイデオロギー、および、それらに支えられた両陣営の対立は、激しく、それを代表する政党間対立も、激しかった、という特色があります。また、産業化とともに増大してくる労働者が支持する社会主義政党の姿勢も、産業化の遅れからくる貧しさ、ということも重なって、観念的で非妥協的になりやすいのです。フランスやイタリアでは、プロテスタントの国々の場合と比べて、社会民主主義政党の力が、相対的に弱く、共産党が相対的に強かったのも、それと関係があると思います。ドイツや北欧など、プロテスタントの優勢な国々では、その教義が、神の前の平等と、神の言葉の自由な検討・解釈とを認めるので、この思想的な距離の近さによって、宗教が自由主義に適合しやすくなっています。この自由は、政治的な保守主義を選ぶことも正当化できるため、一層、「寛容」をもたらしたのです。これは、与野党間の政権交代を円滑にする要因となりました。

プロテスタントのカルヴァン（Jean Calvin：1509－1564）は、魂の救済は予め神によって決められている、とする「予定説」を唱えていました。また、そこから生ずる、「自分は救われるのか」という不安に対して、自分の職業を「天職」として励めば、自分が救済の対象になっているとの感触が得られる、と説いていました。それが、結果として、禁欲的勤勉を促し、資本の蓄積につながり、蓄財の価値を認めていなかったカトリックの場合とは違って、資本主義の発展に寄与することになった、とは、M・ウェーバーの説として知られています。これが、諸国の経済発展の遅速にも関係していることは、カトリック信者の優勢な諸国と、プロテスタントの優勢な諸国を、世界地図の上で色分けして見れば、それが、経済面の実績と重なり合うことが確かめられるでしょう。プロテスタントの多いドイツや北欧諸国は、先進国のカテゴリーに入っていますが、カトリックの多いイタリア、スペイン、ポルトガルなどの経済が、ヨーロッパでは、後塵を拝してきたことは、明らかです。また、スペイン・ポルトガルの旧植民地から出発してできた南米の諸国は、現在でも、まだ、途上国か、良くて新興国に分類されています。そこでは、大土地所有者の農場経営が多く見られ、国家が、財政難から、先進諸国から借款を受けても、金持ち国の「慈善」の施しのように考えてしまう文化があり（だから、借金は返さなくてもいいのだ、と考えて）、何度も債務不履行を繰り返してきた、アルゼンチンのような国があることも、知られています。また、それらの国々では、民主政治がまだ良く根をおろしてはいないように見えます。

アメリカの特殊性

櫻井　一方、アメリカでは、南北戦争（Civil War：1861−1865）で、『風と共に去りぬ』の舞台であった、南部の大土地所有の「準貴族制」が崩壊してからは、自由民主主義のイデオロギー的コンフォーミズムが出来上がり、それが、文化的伝統となりました。アメリカでは、ヨーロッパのような「社会主義」は、発展しなかったからです。確かに、一九世紀のアメリカの労働条件は、ヨーロッパと比べて良かったわけではなく、資本家による搾取も、ヨーロッパの場合と同じように厳しいものでした。それは、しばしば、より粗野で暴力的ですらありました。けれども、最も厳しい条件に晒された労働者は、最も遅れてやってきた人々でした。彼らは、自分の生まれた祖国と縁を切り、国外移住という個人的冒険に身を投じ、進んで「新世界」に溶け込もうとした人々でした。アメリカには、自由に耕作できる（あるいは、原住民の犠牲において自由にされた）広大な土地があり、イギリスの産業革命で開発された技術を用いた工業発展も、急速に進みました。新しくやってきた移民は、前にやってきた移民に代わって、最も厳しく、最も賃金の低い仕事を引き受けました。こうして、人々は、順々に、社会の階段を上昇してゆきました。こうして、プロレタリアの状態から脱出した人々は、自由民主主義の体制の中に統合されていったのです。トックヴィルが観察したように、アメリカでは、職業を転々と変えてゆくのが普通のこととなりました。このように、「アメリカン・ドリーム」が開花した風土では、「社会主義」は、不要であり、根を下ろすことができなかったのです。

もちろん、アメリカには、人種差別や、宗派の違いや、移住者の出身国別のコミュニティーがあります。が、政治体制、経済体制という国の根本的なあり方に関するイデオロギーについては、自由民主主義が、一枚岩の支配的基盤になっていることは、動きません。近年、新興国として台頭してきた中国などからの安い工業製品の輸入増加で、アメリカの製造業の伝統的な部分が衰退し、「錆びたベルト」地帯を中心として、経済的格差拡大への不満の声が高まりました。これを背景に、「大衆迎合（ポピュリズム）的」勢力が、右派ではトランプ（Donald John Trump : 1946－）現象が、左派では、社会主義的色調の主張をするサンダース（Bernie Sanders : 1941－）現象が、目立つようになりました。しかし、アメリカのＧＡＦＡＭなどのハイテクＩＴ産業に見られるような、先端的セクターの強さが揺らぐことはなく、大勢は変わりません。

芝田　「錆びたベルト」とは「ラストベルト」（Rust Belt）ともいい、アメリカ中西部地域と大西洋岸中部地域の一部にわたる、鉄鋼や石炭、自動車などの主要産業が衰退して脱工業化が進んでいる地帯を表現しています。具体的には、ボストンとワシントンを結ぶ一帯＝ボスウォッシュ回廊からウィスコンシン州の東部までの地域で、ミシガン州・オハイオ州・ウィスコンシン州・ペンシルベニア州などが含まれます。この辺りから噴出した不満が「右」側からはトランプ支持および第四五代アメリカ大統領トランプ誕生、そして「左」側からは、サンダース支持という形になったと先生はおっしゃる訳ですね。

なお、お話に出てきたＧＡＦＡＭとは、周知のように、ビッグ・テック（Big Tech）、ビッグ・ファイブ（Big Five）などとも呼ばれる、アメリカの情報技術産業で現在最も規模が大きく、支配的な五社のことを指す名称ですね。すなわち、グーグル（Google＝Alphabet）、アマゾン（Amazon）、フェイスブック（Facebook＝Meta）、アップル（Apple）、そしてマイクロソフト（Microsoft）の五社のことです。

西ヨーロッパのイデオロギー的多元性

櫻井　このアメリカと比べ、西ヨーロッパ諸国のイデオロギー分布図は、多元性が、より高いままです。西ヨーロッパ諸国では、政治体制のイデオロギー（自由民主主義）は、ほぼ全国民のコンセンサスになっていますが、経済体制のイデオロギー（＝資本主義）には批判的な、社会主義的価値観をもった勢力が、昔ほどではなくなりましたが、存続しています。現在の日本の状況も、これに似ているように思われます。社会保障の先進国として知られる北欧の諸国では、経済的な面では社会主義的政策を支持したいと考えている勢力は、より大きいと言えると思います。したがって、ヨーロッパは、アメリカよりも、イデオロギー的な面での「文化的多元性」が高いと言えるでしょう。

政治制度の違い

櫻井　先進諸国の政治制度は、「代表民主制」とも言われ、議院内閣制と大統領制に分けられて説明されるのが、普通です。そこでは、主権者である国民＝人民の代表機関とされる主権的「議会」は、元々は、昔の封建王国における、「臣下で構成される」、王の「諮問会議」でした。この会議は、封建契約によって庇護・尽忠の義務で結ばれた主君と臣下の間の「個人的関係」を、王国防衛などの際、必要に迫られて、臨時に、協力（兵と武器と食糧など）を求めるため、「同時に」、個人別にではなく、「臣下一同に」、召集をかけて開いた会議（三部会）でした。都市が発展してくると、都市は団体として「一人の臣下」でしたから、王の庇護を受ける代わりに献金を求められましたが、臣下である大貴族や高位聖職者ら大土地所有者たちの会議（＝貴族院）とは別個に集会する、都市代表らが構成する会議体（第三身分会議）でした。都市が発展してくると、金の生る木を持っている都市は、相対的に価値の低下してゆく農業に依拠する地主よりも、王国財政にとって、頼りになる諮問会議となります。そうなると、都市代表たちは、「代表なければ課税なし」という姿勢で、王が持っていた「立法権」への要求を高めてゆきます。こうして、それまで「全権」を持っていた王権は、時の経つにつれて、「行政権」だけの担当者にまで、権力を制限されてしまいます（制限君主制）。やがて、行政権を実際に行使する「王の大臣」が、議会から行政の責任を取らされて解任され、さらにまた議会から任命され、議会に連帯責任を負うようになると、「議院内閣制」となり、残存している王は、行政の実権を奪われて名目的・象徴的職務となります。こうなった時、議会は、名実ともに、民主主義の主権的議会となります。

この過程を経て、最も早くから、「議院内閣制」を実現したのは、市場経済の発展が、また、市民階級の成長が、最も早かったイギリスです。現在の先進諸国の政治制度の差異は、このイギリスの制度を、いつの時点で取り入れたかによる差異にほかなりません。アメリカの制度は、一八世紀初頭のイギリスで行われていた「制限君主制」を、必要な変更を加えて、新しい「共和国」の制度的枠組みとして移し入れたものでした。共和制だから、世襲君主は持てません。だから、世襲の君主の代わりに、行政権力の担当者を、「共和制君主」たるべき者＝「大統領」として、公選で選ぶことになりました。行政権と立法権は、厳格に分離され、相互に牽制し合い、ともに有権者の選挙にさらされます。ヨーロッパ大陸と、イギリスの自治領では、アメリカよりも遅れて、イギリスで君主の権力が形式化されて、行政府の実権が、議会の前に連帯責任を負う首相と大臣の手に移った時代に、樹立されました。その後、先進諸国では、「福祉国家」の発展の結果、国家が市民の生活を、「ゆりかごから墓場まで」担当するようになりましたから、国家機能が著しく拡大し、国家の権力機関のうち、行政権の拡大が顕著になってきました。この権力の中心となった政府権力を、民主的にコントロールすることは、民主政治にとって、喫緊の要請となりました。諸国の制度は、この要請に対応する方向に変容しています。イギリスでは、国会（下院）が首相を選ぶという「形式」は、そのままですが、二大政党制が発達したため、下院選挙の時に、下院の多数派となるべき政党を有権者が決定してしまうので、選挙前に提示されている二大政党の首相候補のうちのどちらかを、「有権者が、首相として選ぶ」ことと同じ、になっています。「実質的に」総選挙のときに、市民から指名されるが、下院に責任を負い、下院解散権を持つ「共和制君主」という意味で、「半直接民主制」と呼ばれているのが、その制度です。フランスでは、小党分立の多党制の時代が長く続き、首相選びは、議会の中道に位置する諸小政党間の交渉と妥協による多数派工作によって、決まっていました。これは、有権者から見れば、議会で議員達が機会主義的な合従連衡によって、権力の中枢を左右している、「間接的」民主制であり、人民から主権を横取りしているのと同じだ、との不信感が高まっていました。一九五八年のドゴール（Charles André Joseph Marie de Gaulle：1890－1970）大統領による憲法改正で、「大統領直接公選制」が導入され、議院内閣制と大統領制の両要素を合わせもった「半大統領制」になりましたので、先進諸国の政治制度の構造変化に沿った改革がなされた例、といえましょう。

芝田　この点に関連して、選挙制度と政党システムについて触れておきます。かつて、デュヴェルジェは、選挙制度が政治的帰結に与える影響について分析してその影響は大きいと結論づけ、「デュヴェルジェの法則」を提示しました。ある人が投票に行くとします。その時、自分の一票が「死票」、つまり何の役にも立たない一票になると感じた場合、どうするか。そうなるのを避けようとして、どうでもいい「泡沫候補」は「スルー」するという投票行動に出ます。このことを彼は「洗練投票」（sophisticated voting）と名付け、これにより「泡沫候補」は選挙から退出するので最後に残る有力候補は当選者と最も強力な挑戦者になる、と指摘しました。つまり、「各選挙区ごとにM人を選出する場合、候補者数が次第に各選挙区ごとにM＋一人に収束していく」ということになり、これが「デュヴェルジェの法則」です。そしてこの法則を選挙区制に応用すると、次のようなことがいえます。

① 小選挙区制（一人区制、単記投票）では二大政党制になる傾向がある。

② 比例代表制では多党制になる傾向がある。

③　二回投票制では政党連合が起こる。

他方、ロッカン（Stein Georg Rokkan：1921－1979）とリプセット（Seymour Martin Lipset：1922－2006）の研究は、政党システムは選挙制度のみで決定づけられるのではなく、社会構造上の「社会的亀裂」（social cleavage）（言語、民族、階級、国内イデオロギーなど）も影響を及ぼすとして、選挙制度の政党システムへの影響を「限定的効果」に留まると理解しました。また、彼らは「凍結仮説」、すなわちそれ以前の社会の分裂（労働者と資本家、田舎と都市など）がそのまま「凍結」して現在に至っている、という仮説も唱えました。

さらに、サルトーリは、選挙制度と政党システムに関して「政党制の構造化」を主張しました。彼は、選挙制度が政党システムに影響を及ぼすのは確かだが、その影響の程度は政党システムの「構造化」の程度によって決まる、すなわち「大衆が政党に加入、あるいは関与しているか否か」によって決まるとして、政党をその「構造化」の「強弱」で分類しました。そして彼は、政党と選挙制度の関係についても、デュヴェルジェが指摘したような小選挙区制が二大政党制をもたらすという傾向は「構造化」の強い国での現象であり、「構造化」の弱い国ではたとえ小選挙区制だとしても二大政党制には必ずしもならない、と主張しました。加えて、サルトーリは「選挙制度の拘束性」についても論じ、さらにそれと「構造化」との関係についても詳細な研究成果を残しました。

ロシアの「開発独裁」

芝田　話を戻しまして、ロシアについてはいかがでしょう。

櫻井　ロシアでは、一九一七年の「社会主義革命」によって、世界初の「社会主義体制」が成立しました。レーニン（Nikolay Lenin：1870－1924）など、党の指導者たちは、西ヨーロッパの産業革命時に唱えられていた、K・マルクスの思想を、政治の指導理念として、新体制を建てたのですが、ロシアの政治的・社会的・経済的・歴史的・文化的条件は、マルクスが活動した時代の西ヨーロッパの環境条件とは、大きくかけ離れたものでしたから、マルクスの思想内容とは、かなり異なった、政治体制となりました。

一九二四年の「ソヴィエト社会主義連邦共和国憲法」では、西欧近代憲法と同じように、人権宣言が掲げられ、立法・行政・司法など、権力分立の基本的制度は、設置されていましたし、立法機関も、選挙で民主的に選ばれる代議員によって構成される「形式」をとっていました。しかし、「実際」は、国家機関の「指導的中核」とされた共産党が、その「民主集中制」と呼ばれる組織・運営原則によって運営したため、民主主義の方は、形骸化されていました。この方法は、

①　上から下までの、共産党のすべての指導機関は、選挙原則で選出される、

② 各党組織への党機関の定期的報告義務、
③ 厳格な党規律、少数者の多数者への服従、
④ 上級機関の決定の下級機関および党員に対する拘束性、

などの原則から成っていました。こうした方法で、運営された政治は、選挙での異常に高い投票率、共産党推薦候補が確実に選ばれた事実、など、自由主義の「多元的社会」では到底考えられないことから、純粋に形だけの選挙であった、と解されています。この体制でも、近代的人権の理念は、「究極の」理想的目標であったかも知れませんが、「実態」は、共産党独裁を民主主義的装いで正当化していた体制であったといえましょう。このような制度の下では、われわれがやっているように、会議で自由に発言し、党を批判したり、選挙で、党の推薦候補を落選させたりすれば、そうした個人は誰か、そうした選挙区は、どこか、共産党中央からは、見えみえですから、すぐに報復・制裁を受けることになるのは、誰にも分かることです。だから、この制度では、「民主」は隠れ蓑で、権力集中が実態だったのです。

この政治体制は、自由と平等という、われわれの理念と同じ「多元的」民主制の諸価値を「理念」としていましたが、実態は、その対極にあり、単一政党に基づく一枚岩的な独裁でした。そこでは、国家と行政は、共産党の掌中にある道具に過ぎません。機械に例えれば、共産党中央が、原動機（モーター）であり、党員が、伝動機（ベルト）であり、国家機構は、作業機に過ぎませ

ん。この「機械」は、「社会主義建設のため」として、用いられました。共産党は、政府機構に対しては、起動力として、また、統制力として、の役割を果たし、人民大衆に対しては、労働者としての「階級意識」と、革命への情熱と使命観を高め、浸透させる運動の「前衛」として、その役割を演じていました。共産党は、また、社会の中の最も献身的で忠誠な分子を結集し、国家・社会の指導的エリートを構成していました。この共産党独裁の目標は、私的所有制（＝資本主義）の破壊と社会主義の建設であり、独裁を正当化する根拠として、私的所有による搾取から解放された「真の民主主義」、「真の自由」の条件を作り出すことにある、とされていました。

このように厳酷な独裁は、どうしてできたのか。それは、この体制が成立した時の環境条件によって説明されると思います。この政治体制の成立過程は、西欧の民主体制の成立過程とは、正反対であり、マルクスが示した発展過程の展望とは一致しません。

「ロシア革命」が起こり、共産党を権力につけた要因は、一六一三年から続くロマノフ王朝（Romanov Dynasty）の支配体制が、一九一七年、第一次世界大戦における軍事的敗北と、経済・財政の疲弊により崩壊した、混沌状況において、でした。当時のロシアでは、都市部では、ある程度、工業化が進んでいましたが、西欧よりもはるかに遅れており、人口の大部分は、皇帝家を頂点に、侯爵で大地主であったトルストイ（Lev Nikolayevich Tolstoy：1828－1910）の例に見られるような、貴族と農奴で構成される「緑の農業国」の住人でした。その頃の識字率は人口の四分の一ほどと見られています。こうした状況の下で、西欧生まれの社会主義イデオロギーに導かれたレーニン指導の「知識人」たちの党が、権力の座に就き、新国家を建てることに成功しました。この新しい国家は、社会主義経済を造るため、生産手段の私的所有を廃止し、私的所有に基づく階級制度を破壊し、「階級なき社会」を生み出すことをめざして、地主や富農らの抵抗を排して、苛烈な革命闘争を行ったのでした。

社会主義者の言う「資本主義国家」、すなわち、われわれが言う「自由民主主義国家」は、「都市の住民」（＝ブルジョアジー）の力が、「緑の国の住民」（＝地主と農民）の力を凌駕する「産業革命」によって、確立しましたが、この国家が確立する前に、都市は、生産手段の所有者と非所有者という二つの階級を産みだし、自由民主の思想（イデオロギー）を生み出していました。だから、西欧では、都市経済を「資本主義」として言い表せば、

①　この「資本主義」の経済形態（E）が生まれ、
②　そこに二つの階級（C）が生まれ、
③　そこから自由民主の思想（I）が生まれ、次いで、
④　自由民主主義国家（P）が生まれた、

という順序で発展してきたことになり、マルクスの展望した発展段階論と一致します。これに対し、ロシアの社会主義国家は、西欧の③の段階で、社会主義思想（I）が、自由主義に対抗する

思想として、生み出され、それが、

①　レーニンなど知識人の指導理念（I）となり、

②　それを頂く共産党が新国家（P）の建設と指導（支配）権を握り、

③　社会主義経済（E）を造り、

④　新国家の「支配階級」（C）を産んだ、

という順序になっていることが分かります。

西欧の自由民主体制は、新しい市民階級が成長し、その新しいイデオロギーが「拡大・浸透してから」発展したため、その体制の確立のために暴力的になる程度は、社会主義建設の場合と比べれば、相対的に低かったといえましょう。社会主義体制の場合は、これに敵対する諸階級が支配していた社会の中で、また、社会主義に好意的な階級がまだ萌芽の状態にあった国で樹立されたので、つまり、経済的・社会的・文化的条件が整っていない状況下、敗戦による国家権力の空白状態の中で、樹立されたので、その支配は、それだけ厳しいものになった、と言えるでしょう。

芝田　今のお話で、ロシア＝旧ソ連の体制が「開発独裁」体制のカテゴリーに入ることがわかりました。

では、次に、東欧については、どうですか。

東欧の場合

櫻井　第二次世界大戦後、連合国が東欧をソ連の勢力圏として認めたことで、東欧も、社会主義国家となりました。この時までの東欧諸国は、反ロシア・反共産主義の国でした。東欧は、一般的に、農業国であり、大土地所有者と聖職者の支配下に、近代化の遅れた農民が、暮らしていました。例外的に、工業国と言えたのは、当時の「チェコスロヴァキア」と「東ドイツ」だけでした。これらの国は、大戦中、ソ連と闘ったヒトラーを支持しましたので、ソ連は、戦後、東欧を「被征服国」として扱い、農業と工業の生産物を奪い、モスクワに忠実な政府を通じて、力で、ソ連風の社会主義体制の樹立を強制しました。このことが、東欧諸国では、国民的な反ロシア感情を高め、「ハンガリー動乱」や「プラハの春」となって噴出したのです。この感情は、現在に至るまで、深い底流として続いています。反面、ロシアからみれば、これらの動乱の際にみせたように、これらの国の自由主義への傾斜から「自陣営を守るため」の、厳しい介入行動を招きやすいのです。現在のプーチン大統領の、ウクライナへの「軍事侵攻」という名目の侵略も、その表われの一つといえましょう。

ロシアも東欧も、「超」長期的視点から見れば、経済社会的に発展してゆくならば、経済社会の論理と心理によって、自由民主主義へと進化してゆく、と、展望することはできるでしょう。特に、ソ連崩壊後の東欧の動きは、その点で、顕著です。しかし、ロシアと東欧の文化的伝統は、自由主義への進化には、好都合な要因ではありません。社会主義化される前のチェコと東ドイツを除けば、自由選挙と多元的民主政治を経験した国はありませんでした。一九四五年以前に工業化の進んでいたチェコと東ドイツでも、自由民主主義の憲法を実施していたのは、ほんのわずかな期間だけで、深く根を下ろしていたわけではありませんでした。ソ連という「独裁体制」が、ロシアという「専制政治」の伝統に貫かれた歴史を持つ国において、初めて日の目を見たことや、東ローマのビザンチン帝国の正統宗教を受け継いだロシア帝国が、西欧近代の場合と違って、精神世界と世俗世界とを分離しない習慣を長びかせてきたことも、自由化の前進を阻む文化的要因になっています。西欧の「近代」国家は、政教分離の原則を採り、政治は、「この世の」生活（＝世俗の生活）の問題に対処するための営みであり、「あの世の」生活については関与せず、各人の自由（信教の自由）に任せるという原則に立っていますから、政治指導者は、神でも、神の代理人でもなく、国民に奉仕する「公僕」として、いい仕事をするだけで十分な「普通の人」に過ぎません。が、ロシア帝国の皇帝は、政治と信仰の両方の最高権威者（＝皇帝であり、教会の首長でもある）という、古代以来変わらない制度の下で政治を行ってきましたので、その伝統は、現在でも、政治権力と権力者を「神聖な」支配者であると見る心情を、大衆の心に残存させています。ただ、スターリンの死後は、ソ連共産党の指導者たちの「粛清」がなくなったことや、ポーランド、ウクライナなど、東欧諸国で、政府首脳が大衆によって追放されたり、辞任に追い込まれたりする現象が、見られるようになったことは、西欧で、数世紀前に、イギリスの国王が実権を奪われ、議会政治につながったように、大きな進歩であるように思われます。ただし、現在のプーチン体制下のロシアでも、政権に批判的な活動家や、ジャーナリストが暗殺されたり、暗殺未遂に終わったりする事件がしばしば報道されているので、まだ、人権と自由、法の支配の原則が確立されるにはほど遠い、といえます。ソ連時代の社会主義体制の下でも、知識人の増大、市民の消費生活の向上、外国人との接触・交流の増大、情報化は徐々に進んでいましたし、現在もその動向が止まることはありませんから、これらの進展は、長期的には、自由化に好都合な変化と見られます。しかし、「ソ連国家」の時代には、党の独裁権力と、党務専従者階級(＝アパラチキ)の特権階級的地位は、自由化への傾向に対する抵抗の壁となっていました。

ソ連崩壊の原因 —計画経済の効果と限界—

芝田 「ソヴィエト連邦」では、大統領ゴルバチョフ(Mikhail Sergeevich Gorbachev：1931－2022)が、「ペレストロイカ(改革)」や、「グラスノスチ(情報公開)」政策によって、政治・社会・経済・文化の全般にわたる改革をすすめ、自由化・民主化への前進がみられるようになり、結果的には、ソ連共産党とソ連邦の解体をもたらしました。その結果、ロシアは、一九九一年に、現在の「ロシア連邦」となりました。ソ連の社会主義体制が崩壊した大きな要因は、なんだと思いますか？

櫻井　ロシアは、革命と建国のイデオロギーに従って、社会主義経済を推進し、工業化の面で中進国だったロシアの工業発展を加速化しようとし、それに一定の成果を収めましたが、先進国の水準に至る前に、その発展方法の欠陥が露呈し、ソ連体制から体制転換の方向へと、舵を切るに至った、というのが、私の見立てです。

社会主義は、何よりもまず、生産手段の私的所有を廃止し、「社会的所有」にするということを意味しますから、ロシア革命後の政府が第一に行ったことは、全国の私有財産の没収と国有化でした。共産党の支配する政府が、全国の土地や工場など、没収した生産手段を、「全国民の利益のため」、「国民経済全体の発展のため」、「と考える」やり方で、使用方法を決め、経済運営を始めたのです。政府がその目的に合理的と考えるやり方として、五カ年計画を立て、中央集権的な統制によって、全国の生産単位（企業や集団農場など）に、生産物の種類や品質や数量から価格までも、「ノルマ」として計画的に割り当て、命令し、監視するというシステムでした。労働者の生産単位への配置も、計画的に行われ、「労働手帳」の管理を通じて、労働者の自由移動はできないようになっていました。こうした統制が最も厳しく行われたのは、スターリンの時代です。この方法は、政府が国の全体的利益と考える生産には、原価を無視してでも必要と考える財を造り、供給できる、というメリットがありました。たとえば、マルクスやレーニンの思想を浸透させることが重要だと考えるならば、その類の本やレコードなどを、誰でも買えるように、原価割れの価格で生産し、販売させることができます。西欧よりも遅れが著しい重化学工業を加速度的に発展させようとすれば、その部門の施設・設備に重点投資することもできるし、そこに優れた人材を割り当てることもできます。アメリカとの覇権争いに負けまいとするならば、核兵器の開発・生産に力を入れることもでき、宇宙開発に人員、資材を潤沢に割り当てることもできます。また、長期的発展のため、あるいは優先的な投資が必要と考えられる部門に、不足している大切な資本を、優先的に配分し、そうでないと考えられる部門は後回しにすることもできます。たとえば、集団農場の生産性の向上が大事ならば、大型トラクターやコンバインを優先して大量に作り、その代り、乗用車などの贅沢品は後回しにする、といったこともできます。ロシアでモータリゼーションが遅れているのはこのためです。これらの例は、実際に行われたことで、周知の事実です。

ロシアの実際の社会主義体制では、このような生産手段の社会化と中央集権的計画経済が基本的かつ大部分の要素でしたが、私的部門がなかったわけではありません。コルホーズと呼ばれた集団農場は、集団が一個の団体として、農業生産を行っていましたが、個々の農民は、集団農場とは別に、自分だけの農地（自留地）の「使用権」を認められており、そこで採れた農産物を市場で自由に販売し、代金を自分の収入とすることができました。この農地での生産物は、集団農場での生産物よりも良質だったといわれていました。また、理髪師や骨董屋など、個人営業の形を取る職業も私的な形で所得を得ることは、できましたし、医師、歯科医師などは、公的病院での勤務では、給与を受ける労働者ですが、個人的に患者を診療し、個人的に報酬を得ることもできました。画家、彫刻家なども、公共の機関からの注文を受けて、制作することは、社会主義的な労働ですが、顧客個人からの注文で制作し、対価を受けることもできました。このほか、公式には禁じられていても、人々の日常生活からくる需要、たとえば、住宅や住宅設備の修繕などの要請には、工場勤務の労働者や、建設労働者が、勤務時間外で、私的に仕事をして、報酬を受けとる、という形で、「ヤミ労働」も行われていました。社会主義体制の下でも、「自分の」土地への執着が強い農民などを、社会主義的制度になじませ、組織することは、実際には、容易ではないので、まずは組合に組織して、集団的習慣を身につけさせ、やがては、「立派な社会主義者」に改造してゆく、というのが、目標だったのです。

工業化「中進国」だったロシアにとって、「資本主義列強の包囲網」の中で、「共産主義」の国家を実現しようとすれば、強国にならねばならず、そのためには、経済発展が不可欠になるわけですが、まだ、緑の農業経済の比重が重かった状態では、資本の蓄積が少なく、投資に回す資本を調達しなければなりません。政府は、生産単位から徴収し、収奪した資本を、計画的に投入することが不可欠でした。社会主義に反対する人々を「強制収容所」に入れて、タダ働きさせる方法は、その収奪の最も厳しい形でした。このような「社会主義的搾取」の方法で進められた政策は、重工業を中心に発展をもたらしましたが、経済が高度化するにつれて、この体制の非効率が顕在化してきました。経済は、発展すればするほど、分業化が進み、専門化が進み、細分化された仕事を調整して、再結合する「調整機能」の必要が高まってきます。また、技術革新には、生産単位と個々人のオートノミーがなければ、うまくいきません。先進国の経済発展は、個人や、個人企業のイニシアティヴによって、イノヴェーションが起こり、市場原理で自動的に調整機能が果たされてきました。西欧の産業化は、衣服など、日常の消費生活に必要な消費材をいかに効率的に、良質に、安く造るかの工夫をする「軽工業」から始まりました。紡績機・紡織機の発明がその典型です。次いで、そうした機械や、運搬・通信手段の発展が、蒸気機関やモーターやエンジンの発明を生み、それらを動かすエネルギーも、水力や石炭から、石油、ガス、原子力、さらには再生可能エネルギーに至るまで、「長い時間をかけて」発展し、重化学工業や情報通信業に至るまで、発展させてきました。現在では、鉄鋼その他の金属類はまだしも、素人には、何を生産しているのか分からないような、科学物資や素材を造る高度に専門化した大企業群からなる産業が、市場メカニズムと公権力の介入とによって、営まれています。さらに、ソ連崩壊の時代には、先進自由主義世界は、既に「情報化社会」の時代に入っていました。これは、情報の自由な流通が、高度化した市場経済の調整機能にとって重要・不可欠なファクターとなっていることを、意味しています。

ロシアでは、遅れた国民経済を、重化学工業の発展を優先して、少ない資本の重点投資によって追及してきましたから、軽工業から重化学工業へと、長い時間をかけて発展してきた西欧の場合とは逆の順序で、西欧よりも「短期間に」、計画の「中心的部門」は発展しましたが、国民の消費生活の向上をもたらすための軽工業部門とのバランスのとれた経済発展という点では、先進国に追いつくまでに、至りませんでした。ソ連末期には、下からのイニシアティヴ、統制の緩和、とりわけ「情報の自由化」が、喫緊の要請になっていました。ロシアは、新たな脱皮の季節を迎えたのです。

ゴルバチョフやエリツィン（Boris Nikolayevich Yel'tsin：1931－2007）による、自由化、民主化への諸改革を経て、一九九三年に制定された憲法では、人権と自由の保障、三権分立など、近代憲法の原理に加え、社会権・生存権などを加え、現代先進民主主義国家の憲法と同様な「原則」を明記していますが、直接公選制で選ばれる大統領が、首相を任命することになっており、連邦議会下院が、大統領任命のこの首相候補を三度拒否した場合、大統領は下院を解散できることになっています。此の点で、フランスの現行憲法と似た、大統領優位の「半大統領制」になっています。この強い行政権を持つ大統領が、テレビと大新聞を、事実上支配し、旧体制以来の軍と秘密警察、諜報機関、および、アパラチキの残党が築き上げた新興財閥（オリガルヒ）が、大統領の権力と結びついている現状から見て、また、プーチン政権に対する批判的な活動家や、ジャーナリストや、オリガルヒの一部の人々が、暗殺されたり、暗殺未遂に終わったりしているとの報道が、あとを絶たないことから見ても、専制・独裁という、過去からの慣性から抜けだすのは、容易ではないのではないかと思われます。

マルクス主義は科学か、ユートピアか

芝田　旧ソ連崩壊の要因がよく分かりました。ところで、旧ソ連崩壊の要因を、政治思想史の観点から、説明しようとする人々がいます。特にルソーの「一般意思」の思想や、その影響を受けたとされるマルクスの「共産主義社会」の思想を継承し、搾取のない「真の自由」が支配する「ユートピア」実現のため、として、「自由への強制」を目指したスターリンが、結果的に、「デストピア」をもたらした、というものです。こうした思想史的説明については、どのようにお考えですか。また、「冷戦」の時代には、世界の三分の一の国々が「社会主義国」になったといわ

れていましたが、この現象を政治社会学的には、どのように説明されるのか、お考えを聞かせてください。

櫻井　マルクスやスターリンが、ルソーの思想の影響をうけて、「共通善」を求める「一般意思」の実現のための「制度化」を考えて、それが、個人の「真に自由な社会」（＝ユートピア）への「強制」に結果し、「デストピア」をもたらすことになった、と考える人々がいたことは確かです。

ルソーの初期の著作である『人間不平等起源論』は、彼がまだ、先行する啓蒙思想家たちの感覚論・功利主義哲学の影響を脱していなかったころに書かれたので、人間の「エゴイズム」と虚栄心が私有財産制をもたらし、専制政治と人民の抑圧と不自由をもたらした、とする見解が導かれることになりました。『社会契約論』でも、「自由への強制」という読み方を招きかねない文章があることから、そのようなルソーの解釈をする人が出てきたとは思いますが、そのような解釈では、ルソーが啓蒙主義者たちの功利主義を脱して、「近代の理想主義」哲学を打ち立てた大きな意義を認識していない点で、誤解を招くことになる、と、私は考えます。

また、ルソーの『エミール』の読み方でも、ルソーの本音は、教育の目的とは、人間が「本来持っている善性」を「引き出す」ことにあったのであって、人間を「改造」することにあった、とするのは、曲解だと思います。

「共通善」を希求する心（良心）は、利己心とともに、各人の心の内にあって、各人が、利己心を良心によってコントロールするところに、「克己」があり、「自律」があり、「真の自由」があり、そこに「人間の尊厳」があると考えていた、というのが基本であった、と、私は解釈しています。欲望のままに行動するのでは、自然法則に従って行動している他の動物と異なるところがない。それを超えて、「善」であるからこそ、それを求め、我欲を抑えてでも、それを希求するのが、人間の尊厳なのだ、こう解釈するのが、ルソーの思想についての私の立場です。『エミール』を読むのに夢中になり、そのために、日常の、時計のように規則正しい生活習慣を乱すほどであったといわれる、イマヌエル・カントの、理想主義哲学は、そこから出発しています。ですから、特定の個人や団体が、この「共通善」の中味を自分勝手に解釈し、その実現のための「制度」を考案し、それを他の全員に「強制」するという企ては、少数者が多数者に自らの解釈を強制する「独裁」の論理であって、個人主義・自由主義の論理にも、人間の尊厳にも、反します。それは結果的に、個人の自由の否定と抑圧とになり、理想の終わり、幻滅、つまり、デストピアをもたらすのです。

ルソーは、個人の「自律」によって「共通善」の発見ができ、それを「現実化」できるのであれば、「理想的」である、とは考えていましたが、その仕組み（＝制度化）ができるとは、考えていませんでした。政治制度としては、君主制でも、貴族制でも、政治の実態、つまり政策が、本当に「共通善」を具現しているのならば、善し、としていました。しかし、実際には、大規模な国家社会は、異質性が高く、社会の「共通善」の現実化、つまり、「理想の政治」は、無理であると考えていました。現実には、君主制では、君主の独善と虚栄心が支配し、貴族制では、社会の少数特権者の利益が優先され、民主制でも、もし「代表制」を採るならば、選挙で選ばれるが市民全体から見れば少数者にすぎない議員達が、彼らの自己利益を優先するので、人民は、選挙をするまでは自由であるが、選挙をしたとたんに奴隷になるのだ、と考えていたのです。それゆえに、「共通善」の支配する政治は、われわれが希求すべき永遠の理想ではあり続けるが、「制度的工夫」によって「現実化」しようとすれば、せいぜい、小規模で、市民が対面的に集会できるような、コミュニティーでの、直接民主制における多数決によって、決定に至れるような仕組みを造る他にはない、と考えていたのです。彼は、社会の成員の同質性が高い、小さな社会、たとえば、スイスのカントンのような、小さなコミュニティーの中でならば、それに近い状態（＝共通善への近似値）に到達することはできるかもしれないという、望みを託していたようです。

この小規模な社会における人民集会について、モンテスキューは、人望のある、知・徳に優れた名望家エリートの、身近で目に見える模範的な振る舞いが、人々に良い感化を与え、決定の内容にも良い影響をもたらす作用がある、と期待していました。ルソーの場合は、小規模な集会でなら、市民は、自分が属する身近なコミュニティーへの愛着から、市民としての責任と、勇気ある行動が発現しやすい、と考えていました。ルソーは、晩年の著作『ポーランド統治論』では、ポーランドの「連邦制」を考えており、『コルシカ憲法草案』でも、コルシカという小規模な島社会の政治制度の構想を展開したのです。

それに、マルクス主義は「科学」であるとする人々がいたことも確かですが、「科学」とは何か、を明確にしておかなければ、これも、誤解を招く恐れがあります。

「科学」とは、経験的に観察され、認知される諸事実（諸現象）の間の相互関係や因果関係を、魔術的説明や哲学的説明ではなく、実証的に説明できるような、知識の体系を立てることを意味するのだと、私は考えています。諸現象間の相互関係や因果関係に関する命題は、観察可能な諸事実と照らし合わせて、検証した結果、妥当性が高いほど、「法則性」が高まり、「真理」に近づくのだと、私は考えています。

マルクス主義は、社会関係の本質的要素は、生産手段の「私的所有者（＝資本家）」と「非所有者（＝労働者）」との間の「階級闘争」であり、歴史は「階級闘争の歴史」であるという、大命題を掲げ、これを「普遍妥当な真理」であると主張し、その知見は、「科学」であると、主張してきたのです。私的所有を廃止すれば、対立・闘争の原因が無くなるので、階級闘争も無くなる、という命題は、人間社会の対立・闘争の諸要因の「一つ」を、すべての対立・闘争の要因に勝る、根本的原因として、単純化している点で、高度に抽象化した「形而上学的」、「哲学的」な理論です。われわれが見てきた歴史では、確かに、富をめぐる対立・闘争は、顕著な事実であり、人類の歴史の大部分に妥当する現象に「見えた」ことは確かです。では、われわれが観察した、農耕・牧畜経済のステージに観察された、「地主」同士の激しい闘争（＝戦国時代）や、家臣や農民兵の主君に対する「忠誠」による連帯は、幻想だったのでしょうか。歴史には、国家間の対立や戦争は、無かったのでしょうか。第二章で論じた「国民的連帯と「階級的連帯」は、史実に照らして、どちらが本質的だったのでしょうか。

マルクス主義者にとって、階級闘争が基本的であるように見えたのは、そのような見解の真理性を感じさせるような「状況」があったからだと考えれば、マルクス主義の「消長」を説明できると思います。圧倒的な事実は、「大衆の貧困」、とくに、第一次産業革命期の労働者の貧困問題です。マルクスが知的闘争を展開したのは、この時代でした。貴兄が指摘した、世界の三分の一が社会主義になった、という事実は、驚きではありません。世界史上、大衆の貧困問題が、深刻さをやっと脱却できたのは、われわれが見てきたように、また、後述するように、最先進諸国のことで、それも、ごく最近のことに過ぎないのですから。冷戦の時代は、自由民主主義と社会主義のイデオロギー的闘争と宣伝の時代でもありました。ソ連支配下の東欧や、アジア・アフリカ・南米の後進諸国は、経済・社会の発展の遅れという点で共通しており、自由民主主義を安定して運営できるような社会・経済的・文化的条件が欠けていました。アフリカのケニヤは、当時、

「社会主義国」であることを自称していましたが、そこでの「社会主義」の実態は、伝統的「部族社会」の構造が、マルクス主義の「原始共産制」に近いものであった、というだけにすぎませんでした。この国も、最近では、発展し、自由民主主義体制の方向へと進化しています。現在では、これら、かつての「後進諸国」は発展しつつあり（グローバル・サウス）、現在では、「社会主義」を名乗る国は、世界に五カ国（中国、ヴェトナム、ラオス、北朝鮮、キューバ）しかありません。「社会主義」が、マルクスの予言したような、「資本主義の成熟の結果」として生まれた実例は一つもなく、実在した社会主義体制は、すべて、発展途上の「開発独裁体制」であったことを裏付ける証拠です。

わが国でも、驚くべきことですが「知のリーダー」たるべきアカデミーのなかにも、マルクス主義者が、最近まで、権威を誇っていたのです。

社会現象は、それを見る人の性格や、生活環境などの諸条件によっても左右されます。第一章でみたように、コントの発展段階説によれば、人間精神は、神学的精神が支配する軍国的段階から、形而上学的・哲学的精神が支配する過渡的段階へ、そして、科学的・実証的精神が支配する産業的段階へと進化してゆくと、展望されていました。私は、この進化論を共有しています。

古代のエジプトでは、ファラオは、「神」でした。日本の戦前の天皇は、「現人神（あらひとがみ）」でした。明治憲法は、「前近代」のプロイセンの「憲法」がモデルでした。それは、「国内のすべての人々、すべての団体、すべての制度が従うべき最高規範」という、「憲法」の本来の意味には当てはまらない、現人神が権力を総覧するという、「神権説」に基づく天皇主権の支配の制度でした。社会科学の分野では、ドイツの哲学的思想が強い影響力を持っていました。十分な実証を経ないイデオロギー的学説が「科学」とされたのは、この発展段階の中途に位置づけられる「哲学的精神」の保持者が、ごく最近まで、権威を保持し、自らの学説を意図的だったか否かは分かりませんが、「科学」と僭称していたということを意味しています。

現在、先進諸国では、教育水準は高まり、理性化が進み、大衆は豊かになり、自由民主主義憲法は「定着」しており、階級闘争を叫ぶ勢力は、ますます少数になってきています。むろん、先進諸社会のなかでも、人々の精神構造は、「旧いものほど永続きする」ので、決して均質ではありませんから、夢や幻想によって世界を見、行動する人々が、ユートピアを信じ、実践することはよくあることです。自らの主観的世界観に基づいて過激な言動をする、とい現象も、無くなることはない、と私は考えています。そうした社会の中で、「理性化」が優勢になってくる、というのが、「進化の法則」なのです。

中国の場合

芝田　ところで、われわれの隣国で、大国となった中国の体制は、依然、「社会主義」の原則に立っているとされていますが、この国の体制は、ロシアの場合と比べて、どんな特色があると捉えていますか?

櫻井　中国の現在の社会主義体制は、一九四九年、共産党指導の「中華人民共和国」として発足しました。一九五四年には、ソヴィエトの憲法にかなり似通った憲法を制定しました。この体制は、マルクス主義を基本とする点では、ロシアと同じでしたが、一九六二年からは、ロシアからの影響を薄め、マルクス主義の新しいヴァージョンを打ち出しました。中国の共産党が覇権を確立するまでの長期にわたる「国共内戦」と「革命戦争」、中国の社会・経済的環境、中国を取り巻く諸外国との関係の違いから、中国の体制は、ロシアの社会主義体制とはいくつかの点で、異なった特色を、持つこととなりました。

中国共産党の指導者、毛沢東（Mao Tse-Tung：1893－1976）は、古典的マルクス主義の理論と比べて、次の重要な二点において、新しい変更を加えました。第一は、革命の戦略について、です。中国では、共産主義は、「プロレタリア（＝労働者）革命」によって、ではなく、一九二〇年代から、「農村部」での「ゲリラ戦」によって戦われた、という考えです。中国では、共産党指導の「紅軍」が、この戦闘方式で農村部の支配を広めてゆき、農民の信頼を獲得し、勢力を固めました。都市部は、人口でも、面積でも圧倒的に大きかった農村部によって包囲され、征服されたのです。毛沢東指導の党は、これと同じ戦略が、世界的広がりの中でも、用いられるのでなければならない、と考えていました。「帝国主義国」として中国を侵略してきた先進工業諸国は、いわば、「世界の都市部」であり、「都市部」では、「中産階級」へと上昇することが、革命の情熱であったように、「世界の農村部」たる共産主義国家では、目標は人民の生活の向上である。「世界の農村部」である低開発諸国は、先ず初めに社会主義国となり、次いで、自らが生きるために原料を必要としている「世界の都市部」を、包囲・攻略する。そのため、革命が必要なのだ、と考えていたのです。一九六八年に、フランスのパリで起こった「五月革命」のような、都市部での「ゲリラ戦」も、先進諸国の抵抗を弱めさせるのに適した戦術だ、と考えていました。

芝田　「五月革命」とは、一九六八年五月のフランスで学生たちの運動を中心にして起こった社会的危機のことですね。一九六〇年代後半よりアメリカのヴェトナム反戦運動や西ドイツ、イタリアの学生運動と連携してフランスでも学生による活動が行われていましたが、一九六八年三月二二日パリ大学ナンテール校の学生が大学の管理強化に反発して校舎の一部を占拠、これが発端となって五月三日にソルボンヌで集会中の学生と警察が衝突、一〇日にはカルティエ・ラタンが学生により占拠されました。その後、運動は労働運動と結びつきゼネストにまで発展して作家・学者など知識人も参画する中、六月に当時のド゠ゴール大統領は議会を解散して総選挙を実施するなどして事態を収拾しようとしましたが奏功せず、結局翌一九六九年に政権の座を去る結果となりました。なお、この運動は各国の「過激派」の闘争とも連携して大学占拠、街頭進出という形をとって拡大し、ついには大学問題、ヴェトナム反戦から高度資本主義の管理体制を批判する社会変革闘争の様相すら帯びることになりました。わが国でも既成の政党イデオロギーによらない、現代社会のあり方に対する根本的な「異議中立て」の動きが見られ、東京大学、早稲田大学、明治大学などでも「学園紛争」が勃発し、学生運動、新左翼運動（「ニュー・レフト」「スチューデント・パワー」）の嵐が吹き荒れました。

さて、では続けて毛沢東の変更点の二つ目を説明してください。

櫻井　第二に、毛沢東は、生産手段の社会的所有だけでは、階級闘争を終わらせることはできない、と考えていました。所有制度の変革によって樹立された社会主義社会は、まだ、様々な矛盾を抱えており、新しいブルジョアジーを生み出す危険もある、と考えていたのです。彼は、当時、中国の方針に近い方針をとっていたアルバニアを例外として、当時のロシアや東欧諸国には、特権的な「アパラチキ」が出現してきているということに気付いていました。それゆえに、社会主義体制は、この「ブルジョア化」への傾向に対抗するために、不断の革命的緊張を続けなければならない、と考えていました。一九六六年に始まった「文化大革命」は、この緊張を維持する手段の一つとして行われたのです。このころ、党内では少数派となっていた毛沢東は、柔軟性を失い堕落してきたと、彼が考えた、党と国家の幹部の「粛清」を目指して、青年を動員する「紅衛兵」運動を起こしました。そして、次に、この「紅衛兵」運動を制御するのが困難になると、それを抑えるため、軍を利用しました。

毛沢東のこの思想は、ロシア革命時代の、トロツキーの「永久革命」思想に通ずるものです。トロツキーは、国家機関の支配者や、権力を握った政党は、すべて、自己利益を第一に考え、それを追求することを優先する、自立的特権集団になる傾向があること、に気づいていました。

一九七六年に毛沢東が死去し、その後、彼を支えた「四人組」が失脚すると、この「文化大革命」によって失脚していた鄧小平（Deng Xiaoping：1904－1997）が復活し、「改革開放」政策を唱えて、経済の自由化を広め、経済の近代化優先の政策を強力に推し進めた結果、中国経済は、飛躍的に成長し、現在では、ハイテク産業は、先進国並み、あるいは、一部にはそれを凌ぐまでになり、軽工業も、ロシアの場合よりも発展し、低価格の商品は、先進国の市場になだれこんでくるようになっています。現在の習近平政権は、「共同富裕」の名の下に、巨大化し、突出した「アリババ」などのハイテク情報産業の活動に対し、強権的に介入したり、不動産投機による経済的・社会的格差の拡大を抑制したり、私塾学習を通じて高まりつつあった社会的不平等の拡大を制限したり、情報の統制を強めたりして、かつての毛沢東のような、引き締め路線を打ち出していますが、この「永久革命」路線と、「改革開放」路線という、二つのヴェクトルの間の緊張として、政治は展開しているといえるでしょう。

芝田　今、お話にありました「四人組」とは「文化大革命」を主導した江青（一九一四？－一九九一、毛沢東夫人の一人）・張春橋（一九一七－二〇〇五）・姚文元（一九三一－二〇〇五）・王洪文（一九三五－一九九二）の四名のことですね。彼らはプロレタリア独裁・文化革命を隠蓑にして極端な政策を実行、反対派を徹底的に弾圧し、迫害して殺害しましたが毛沢東の死後に失脚しました。このうち、江青と張春橋は、既に亡くなっていた林彪（一九〇七－一九七一）と共に「文化大革命」の首謀者と見なされ、彼らには後の特別法廷で執行猶予付きの死刑判決が下されました。また王洪文は終身刑、姚文元は懲役二〇年の有期懲役に処されています。では、続きをお願いします。

櫻井　国民経済の発展だけでなく、社会の構成員の幸福な生活を実現するためには、精神の自由、情報の自由がカギと考えられる以上、これを制限し過ぎれば、市民の「物心両面にわたる」豊かな生活という目標の達成は、遠のくことになると思います。「情報の自由」を欠いた社会は、経済社会の運営にとっても、政治社会の運営にとっても、潤滑油を欠いた機械のように「ガタ」

がくることは、間違いありません。

ロシアの体制と、中国の体制は、いずれも、低開発国、または発展途上国に起こった、「加速度的発展」に寄与する「開発独裁」体制のカテゴリーに入ると、私は考えますが、その始期の条件や、文化的伝統によって、差異があると考えられます。ロシア革命の始期のころの工業化は、ロマノフ朝時代にフランスなどの資本進出もあって、ある程度、工業が発達し、したがって、都市住民である「インテリゲンチャ」階級が育っており、彼らは、西欧の近代思想にアクセスできましたし、革命の指導者もインテリでした。労働者もそこそこに育っていましたから、西欧の工業化社会で生まれた「プロレタリア革命」という表現も、それほど違和感はなかったわけです。

これと比べ、中国革命の「始期」は、ロシア革命時の状況とは、異なっていました。経済は、ロシアよりも低開発の状態にありました。そこには、欧米列強の租借地を基盤とする外国資本の進出があり、外国と結んだ「買弁資本」の「財閥」があり、伝統的な小規模軽工業もありましたが、人口の大部分は、封建的地主階級と農奴的農民からなる、半植民地で封建的な農業の世界でした。中国の現行憲法でも、第一条で、「中華人民共和国は、労働者階級が領導し、労農同盟を基礎とする人民民主独裁の社会主義国家である。」と書いてあります。革命当初は、「人民民主主義国家」の主権者である「人民」とは、地主や買弁とは区別される、「農民」と「労働者」と、革命に協力する「民族資本家」の同盟である、と定義されていました。全人口中の識字率も、二〇%

ぐらいと言われていました。毛沢東時代に、漢字の簡略化を行って、発展のために不可欠な識字率の向上を進め、「教理問答書」のような『毛沢東語録』を用いて、毛思想を普及浸透させる努力をしたのも、このような情況があったからです。だから、中国の革命は、農奴解放的な「農民革命」の色合いの濃い革命となったのだと思います。

また、政・軍関係においても、ロシアでは、革命時から党主導で軍を組織し、党員組織を軍内部に張り巡らしていたので、党の軍に対するコントロールは確立していましたが、中国では、内戦時代から大衆との結びつきの強い地方の軍事組織のオートノミーが強く、社会主義体制が確立してからも、党中央と、軍部との間の緊張関係は、強く残ったと、見られています。毛沢東が党内における劣勢を挽回しようとして起こした「文化大革命」をコントロールするため、軍首脳の林彪将軍の協力を取り付けることができたのも、革命戦争時代から築き上げてきた毛沢東の個人的威信と個人的人間関係があったからと言えるでしょう。

先進諸国の政治体制

芝田　それでは、次に、われわれにとって身近な、現在の先進国の状況へと、移らせていただきたいと思います。わが国を含め、先進諸社会の政治体制の特徴は、どんなところにあるとお考えですか？

櫻井　西欧で一八世紀～一九世紀に成立した自由民主主義体制は、これまで見てきましたように、その基盤となった、経済・社会・文化的背景と深い関係にありました。それから現在に至るまでに、長い時間が経過し、その基盤には大きな変化と発展がありましたので、それ相応の変化は、政治体制の面にも、当然、現れています。

・ステージ一

初期の自由民主主義体制は、個人的、あるいは家族的経営の中小企業が、自由競争と、市場原理に基づいて活動する経済構造の枠組みの中で、成立、発展してきました。大企業もありましたが、それらも、一般的には、個人または家族の「所有」であり、これらは、工業や金融業のお歴々として、出現していました。産業革命の初期の時代に、財閥として、あるいは政商として登場するのが、そのパターンであり、この現象は、明治国家時代の日本に見られた財閥や政商、社会主義国の崩壊期に出現したオリガルヒなどと、類似した現象ともいえます。この経済・社会・文化的背景の下では、政治的代表も、同じように、「個人的」代表の色合いが強く、彼らは、政党を造ったとしても、政党の類型としては、デュヴェルジェの名づけた「幹部政党」タイプのものでした。つまり、選挙区での当該個人の独力によって当選した議員達は、議会で、基本的には自由に討論し投票する政治家であり、政綱が同じか、近いかによって、議員グループや「政党」は造るが、党規律は弱く、党員も少ないというタイプでした。また、これは、自由民主主義体制初期に特徴的にみられる政党のタイプで、自由民主主義体制成立の初期の、「制限選挙」が行われていたころに出現した典型的な政党でした。

・ステージ二

民主主義が発展して、普通平等選挙が普及すると、有権者数が増大し、それだけ多くの賛成投票を集めなければならなくなるので、政治家は、当選するためには、個人後援会の支持だけでは、間に合わなくなります。そこで、政党の組織強化と拡大を迫られることになります。ことに、新たに選挙権を獲得した労働者階級は、まだ貧困で、その代表となるべき候補者も、自身の財力では政治資金を賄えませんから、労働組合などを中心に、「数多くの」党員を集め、党員一人ひとりに「安い党費」を「定期的」に、負担してもらえば、党全体としては資金が確保できるようになり、集票力も拡大します。こうして、ブルジョア候補の金力に立ち向かうことができるようになります。それに加えて、党組織運営を通じて、イデオロギー教育と宣伝によって党勢拡大ができますので、組織された、党内規律の強い大政党が出現してきます。数多くの党員から定期的・継続的に党費を集め、管理し、政策を準備し、党活動を運営してゆくには、党務専従者のいわば

「官僚組織」が必要となり、発達してきます。党組織によって候補者に指名され、生みだされる議員は、党議に拘束され、幹部政党のように、議会で自由に行動することは、厳しく制限されます。このタイプの政党は、デュヴェルジェによって、「大衆政党」として類型化されました。「幹部政党」タイプから出発したブルジョアの政党も組織化を進めようとしますが、元来の特色を払拭することは困難で、個人議員中心の、組織の柔軟な政党の性格を脱却できません。現在の日本の自民党は、このタイプから発展してきた政党ですので、党員拡大に努めてはいますが、その党員は、議員個人が集めた、後援会を核としたものです。イギリスの保守党は、同じ幹部政党タイプから始まった政党ですが、長い議会政治の経験から、「党規律」を発達させています。こうして、組織化の進んだ左翼の「大衆政党」と、幹部政党とが対立した「第二ステージ」の構図は、第二次世界大戦後まで、続きました。

・ステージ三

第二次世界大戦後の技術発展と、経済の高度成長と、福祉国家化の進展により、過激な社会主義的主張をする政党への支持率が低下し、左翼政党は、穏健な「社会民主主義」政党へと変化するか、さらには、自由主義の政党と実質的にはあまり変わらない政党へと変化してゆくのが、見られました。これと関連して、過激な主張を変えない政党は、一般に凋落しています。プロテスタントが優勢で、プラグマティックな文化的伝統のある諸国では、社会民主党の名称を残したまま、穏健化しましたが、イタリアやフランスのように、非妥協的な文化的伝統のある国々では、政党の多元性が克服されないまま、残っています。

先進民主主義諸国は、市場経済を基本的な土台としています。そこでは、市場の論理と心理とが、当然のことながら、政治、経済、社会、文化のすべての面で優勢になります。それぞれの国が過去から継承してきた政治、経済、社会、文化の伝統や遺産は、「古いものほど永続きする」ので、様々な過去の時代からの伝統や遺産が、消えることなく、共存し、それらが近代的な政治、経済、社会、文化の要素と、共存し、全体として、「複雑化」しているのです。が、先進諸国では、市場の論理と心理が優勢になっているのです。その結果、経済面では、市場経済の発展は、その論理と心理とによって、科学と技術を発展させ、市場での競争に応用され、良質の財やサーヴィスの供給によって、顧客を喜ばすのに成功した企業は、発展し、強大化してゆきます。また、そのことは、豊かな消費生活をもたらさずには、実現できない仕組みになっています。ですから、このヴェクトルが一直線に延長されてゆくならば、経済の構造は、経済学者が「寡占」（オリガーキー）と呼ぶ状態、つまり、少数の大企業による市場支配の状態に至ります。さらに、この論理を、「形式論理的に」、「純粋に」、延長してゆくならば、「寡占」から「独占」へと進化することになります。マルクスやレーニンが、「資本主義」は発展してゆけば、「国家独占資本主義」に移行し、金融資本の支配する「帝国主義」の世界支配へ、と発展してゆく、と展望したのは、「形式論理」的には正しかったのです。

しかし、実際には、個人の自己保存をバネとする、この市場の論理と心理と、それを真っ向から否定する「社会」主義の論理と心理とは、「戦間期」に正面衝突しました。その結果、自由民主主義諸国は、アメリカを例外として、市場の論理を基軸とし、社会の論理を併せ持つ「福祉国家」の原則を採用し、「社会的国家」にもなったのです。これによって、弱肉強食に傾くヴェクトルを制御し、市場のイニシアティヴを生かしながら、「社会的動物」としての「社会連帯」をも重視する国家となったわけです。したがって、この国家を支配すべき主権者たる国民＝有権者と、それを代表すべき政党は、「純論理的には」、「自由民主」と「社会民主」の二党制となるのが自然なのです。前者は、自由とイニシアティヴに、後者は、分配の正義にアクセントを置く点で相違しますが、両者とも、国家全体、国民全体の公益とは何かに、注意を怠ることは、無責任となり、それができなければ、無能の証明ともなります。実際には、他の諸々の要因が関係して、ことは複雑です。人間の組織は、いったん出来上がり「構造化」されると、それを生み出した条件がなくなっても、弱まりながらも慣性で残存することが、少なくありません。こうして、勢力の弱まりつつ存在し続けている宗教政党や共産主義政党に加えて、近年では、西欧諸国の旧植民地など「第三、第四世界」からの移民の増加に反対する右翼政党の成長、気候変動と環境問題を重視する「緑の」党の成長、などによる政党の増加、多党化が見られる諸国もあります。

アメリカの現在

櫻井　過去からの見るべき伝統もなく、首都ワシントンの建造物が象徴するように、ギリシャ・ローマの西欧文明を基礎とするアメリカは、独立国家建設時のいきさつから、純粋な自由主義の文化が開花した独特な国家となりました。この国は、西欧諸国にはない利点がありました。広い国土と、豊かな天然資源、世界中から絶えず流入してくる労働力人口、高い社会的流動性、などによって開かれた「アメリカの夢」は、「社会主義を必要としない」国家を生んだのでした。これらの条件は、西欧諸国には、欠けていました。相対的に、狭い国土、豊かとは言えない、あるいは、交易か、国外への進出によらなければ得られない天然資源、さらには、商品販路の狭さ、から、西欧諸国では、アメリカと比べて、相対的に少ない富をめぐる対立・闘争が、それだけ強かったのです。

このような事情からアメリカは、最もダイナミックな市場経済の発展をもたらしました。ここでは、初めから、政党構造は、「ラベルだけが違う二本の空ビン」であり、それらの政党は、いずれも、個人政治家が中心となる「幹部政党」のままで、所属政党の方針にはとらわれないで自由に投票するクロス・ヴォーティング（交差投票）行動も見られます。また、経済面では、市場法則が十全に作用し、人材の雇用も競争原理で行われ、企業間の競争も熾烈であり、個人の成功のチャンスも大きいが、失敗の危険はもっと高く、「ゾンビ企業」が生き残れる可能性は低く、新しい科学技術を用いて、イノヴェーションに成功した企業家は、たちまちビリオネアになれる社会となっています。「資本主義」が最も発展した国家とされるゆえんです。また、「自由至上主義」（リバタリアニズム）を声高に主張する人々がいる社会でもあるゆえんです。現在では、巨大企業は、商品開発、製造、販売、金融・財務・人事管理、将来企画など、あらゆる面で、高度な専門知識人を組織した、「シンク・タンク」を独自に持ったり、多くの関連企業を傘下に持ったり、それらとの深い関係のネット・ワークを築いたりしている先端的大企業は、国境の壁を越えて、世界レヴェルで活動する、多国籍企業となり、国家によるコントロールが難しくなるほどの存在となっています。「ＧＡＦＡＭ」などと略称される、情報ハイテク企業はその代表的な例です。

こうした経済構造を持つに至った先進自由主義諸国では、個人の自由・民主の要請を確保するためには、情報犯罪の取り締まりや、独占禁止法などの法整備と厳格な運用が欠かせません。さらには、政権党を監視・批判する野党、科学・技術の研究・教育機能を担う大学、情報の収集、管理、発信を担う、メディア、など、独立した、多元的な諸部門の使命は、ますます大きくなってきている、と私は考えます。また、多国籍企業の脱税など、単独国家の手を逃れるような逸脱行為に対しては、国際的な連携によって管理しなければならなくなってきている、と考えます。私的利益を共通善（公共の利益）のために管理・統制することは、国民「国家」本来の存在理由なのですから。……

中国の現在

櫻井　二〇二二年一〇月、中国共産党第二〇回全国代表大会が開かれ、党の人事で、共産党の下部組織「共産主義青年団」出身の李克強首相と、汪洋全国政治協商会議主席が、引退に追い込まれ、胡春華副首相も、中央政治局委員から中央委員に降格されました。これら党内の改革開放派は、党の最高指導部から排除されて、毛沢東路線をゆく習近平総書記の保守的専制体制が、中国を支配する傾向が濃厚になりました。

このことは、われわれが見てきた政治体制と経済社会体制の密接な結合関係に鑑みて、奇異なこと、という印象を覚えることと思います。経済発展が市場経済を生み、個人主義的自由主義を育み、政治的民主主義を発展させ、情報化を促進する、という内的連関がなくても、政治的専制と経済発展を両立させる第三の道はありうるのでしょうか。そう考える人々がいることは知っていますが、私は、この相矛盾する政治と経済社会との共存は、発展の過渡的段階（それがいつまで続くのは、分かりませんが）にのみ可能な、「開発独裁」の現象と捉えることが、適切であると考えています。政府による経済への介入とコントロールは、高度に発展した先進国の諸体制でも当然の、不可欠な国家機能であることは同じです。問題は、高度に分業化し、発展した経済を運営する際に、個々人の発意と個々の生産単位の自律の領域を極度に制限し、情報の自由な流通を許さない体制は、政治的、経済的に機能障害を起こすことが避けられない、ということです。専制的指導者が、「神」のように、社会の隅々まで見通すことができるのならば、全体の調和ある発展に導くことができるでしょう。しかし、「理性」的に見れば、人間にそのような能力はありません。二〇二二年末に起こった、習近平政権の硬直した新型コロナ対策に反対した青年たちの「白紙運動」と混乱は、「白紙革命」とも呼ばれており、この機能不全の最近の表れにほかなりません。

この点に関連して、私が想起するのは、中国で、一八六〇年ごろから起こって、清仏戦争と日清戦争での敗北に終わった、「洋務運動」です。これは、西洋の軍事技術などを導入して、中国の富国強兵を図ろうとして、清朝の漢人官僚の曾国藩・李鴻章などが中心となって起こした運動であり、兵器開発・鉱山開発・鉄道建設などを行い、国力の発展を図った、一種の近代化運動でした。しかし、その指導理念は、「中体西用」といわれ、儒学を中心とする、中国の伝統的学問を基本とするものでした。そのため、この運動は、西洋の近代技術の表面的な模倣の域を出ず、西洋近代の精神は、重視されずに終わったのでした。

古い歴史を持つ諸国は、日本も含め、このように、過去からの文化的伝統の重みを受け継いでいますから、西洋近代思想の導入は、白紙状態の中に、西洋文化を取り入れるようなわけにはゆきません。日本でも、幕末以来、佐久間象山の「東洋思想・西洋芸術（＝技術）」、「和魂・洋才」の方針が、明治国家の富国強兵政策の理念となり、「武士道」という、自然経済時代以来の精神文化も継承されましたが、日本では、西洋近代思想の導入も徐々に進んでいました。明治国家の発展は、結局、厳しい国際政治環境の下、「軍事」国家優位のまま、「欧米列強の帝国主義」に対抗する「帝国主義」にまでに至りました。が、日本の場合、先の大戦での敗北を契機に、西洋近代の理念が、一気に「中心的理念」の位置を占めるに至ったことは明らかです。

歴史を振り返れば、われわれが、自然経済下の本質的価値として位置づけてきた「土地」の重視、それを獲得し、幸福を求めようとした軍事的「略奪」、それを援護する権謀術数（＝孫子の兵法）や尚武の精神などの文化は、貨幣経済の発展「過程」では、貨幣経済に適合した「個人主義」や「自由主義」の文化よりも強い形で残存するように見えます。この価値の大転換は、歴史の示すところでは、「革命」か「敗戦」か、あるいは、「敗戦に伴う革命」という激変を通してしか実現されなかった、ということは、重要な事実です。

このように、軍事的要因が優位し続ける社会学的要因の一つは、「国民社会」がまだ成長段階にあり、国内の分裂・対立を十分に克服し、有機的一体性を確立できていないため、軍事力が重要視され続けること。第二に、国際政治における安全保障上の厳しい環境の下で、「軍事」が優先される傾向。第三に、権力者が、権力を手放そうとはせず、排除されるまでは権力にしがみつこうとする傾向が強いこと、も、平穏な移行を妨げる要因になっていると、私は考えています。中国は、そしてまた、ロシアは、この問題をどのようにして、解決するのでしょうか。

芝田　市場経済は、発展すると、独占資本を生み、それが国家権力と結びついて、帝国主義へと発展する、という説明は、マルクス主義の歴史学の説くところです。事実、歴史を振り返れば、一九世紀末から、市場経済が最も進んだ英仏をはじめとする欧米列強の帝国主義は、植民地獲得を目指して、世界分割競争を展開し、やや遅れた日・独・伊もこれに加わったこと、第二次世界大戦の終結までそれが続いたことも、周知の事実です。が、この大戦後の米・ソ冷戦時代にも、政治経済体制間の対立を基盤としてはいましたが、軍事的対立が前面に出ていました。こうした現象を「自然経済」と「貨幣経済」の論理と心理で説明することが、できるでしょうか。

国際政治環境と日本

櫻井　これは、基本的に、「国際政治」の問題となるテーマだと思います。人間が行っている政治が、現在のところでは、国民国家が基本単位であり、その中で「自然経済」の要素が勝るか、「貨幣経済」の要素が勝るかという問いならば、「発展」の帰結は（人間がこの発展を望むのならば）、遅かれ早かれ、「市場経済」の論理と心理がドミナントにならなければならないことは、明らかです。

しかし、国際場裏では、世界政府による世界国家が確立しない限り、あるいは、それが確立するまでは、支配権を求める「覇権」争いは、国内政治の場合がそうであったと同様に、続きます。それは軍事的・政治的・経済的・技術的・文化的な「闘争」ないし「競争」となります。その闘争手段は、現在では、核兵器という究極の殺傷・破壊手段の開発・保有による対立にまで発展しています。それを実際に用いるとすれば、人類の破滅か、未開・野蛮状態への退行へとつながる可能性があります。この悲劇を回避することを選べるとしても、世界政治・「国際政治」における覇権争いは、国家ないし国家連合間の軍事的・政治的・経済的・技術的・文化的な「競争」となります。このレヴェルでの競争は、資源、人口、国土、科学技術、経済力、軍事力、文化力の総合力において勝る国家または、国家連合の覇権の確立まで、続くことになるでしょう。

この国際的覇権争いは、先の大戦では、米・英・仏・ソなどの「連合国」、対、日・独・伊の「枢軸国」、言い換えれば、当時の最強国家連合の「覇権」への、「新興国」同盟の挑戦の形をとりました。当時の「新興国」日本は、それまでに獲得した技術と生産能力によって、先進国に迫る「大鑑巨砲」や最新鋭の戦闘機をも保有するまでに成長し、結果、いわゆる「ツキディデスの罠」に陥ったのでした。戦後は、自由民主主義強国のアメリカと、新興「社会主義国」ソ連が覇権を争った対立時代であり、核の使用に訴える選択を回避した「冷戦」の時代でしたが、先進国アメリカの事実上の勝利に終わりました。F・フクヤマ著『歴史の終わり』が、それを「宣言」したことは良く知られています。

現在の中国は、共産党による支配の確立によって、やっと国家的統合を成し遂げたが、ウイグル・チベット・モンゴル・台湾など、異民族の完全な統合には至っていない、「若い、独裁国家」であり、人口と国土と経済と軍事の大国であり（市場原理というよりも、略奪に近い手段をも合わせ用いて）、急速に、ハイテク情報技術、生産技術を獲得し、核兵器をも保有するに至った強国であり、アメリカと対峙し、「新冷戦」時代を現出させている「新興国」です。アメリカを中心とする先進諸国は、反自由民主主義諸国に対抗すべく自由民主主義諸国の連合を深めており、ロシアや中国の権威主義国家・独裁国家と対立する構図ができてきています。これら二つの大陸国家が、伝統的な文化（専制政治と、軍事的征服と略奪を常道とした古い伝統的、「帝国主義の略奪文化」）を脱却し、「ツキディデスの罠」に嵌まることなく、競争と共存の可能性を追求することが、望まれるところです。

現代は、一世紀前と比べれば、アジア・アフリカ・中東・南米など、かつての低開発国や途上国も、すべて、次第に発展の軌道を辿って、変化・発展し、力をつけてきており（＝グローバル・サウス）、また、国家や人口の数の上では、低開発国・途上国・新興国は、世界場裏では、多数派であり、先進国は、少数派です。そこから、先進諸国以外の権威主義国家や独裁国家が、それらの国々の、特に指導者たちの間での、政治的・経済的利害の一致、又は接近により、連携し、国際的に指導力を高め、先進諸国を脅かす勢力になるのではないか、そのことによって民主主義は危うくなるのではないか、という危惧の念を抱く向きもあるようです。しかし、私は、その点に関しては、「慎重なオプティミスト」です。その理由は、第一に、政治的独裁による自由の抑圧が、人民を幸福にさせることは、国民全員がマゾヒストでもない限り、決してありえないからであり、諸国の人民は、経済的に発展すればするほど、ますます自由の価値を強く求めるようになるからです。中国やロシアの指導者は、人々の自由を警戒していますが、両国の人民は、ますます自由の要求を高めているし、高めてくるはずです。また、第二に、先進諸国のＧＤＰの総計は、ロシアの二二倍以上と見積もられており、これらの諸国の経済力や、技術力に支えられた軍事力のみならず、「人間の尊厳」という普遍的価値を掲げる「自由・平等の理念」は、諸国民が発展すればするほど、「ソフト・パワー」として、その威力を発揮してくるからです。

私は、これらの点で、「オプティミスト」ですが、「新興国」が先進諸国に、暴力的に「挑戦」してくる、「ツキディデスの罠」に陥る危険性については、「慎重なリアリスト」であるべきだと考えています。ロシアや中国などの「新興国」は、国家の規模（国土や人口や資源や軍事力）では、大国ですが、一人当たりのGDPで測られる経済的・社会的発展のレヴェルや、国内の社会的異質性（中国の中のウイグル、チベット、モンゴルをはじめ数十に上る多民族社会の異質性）や、旧ソ連から独立したが今もロシアの影響下にあるウズベク、タジク、カザフ、トルクメン、ジョージアなどのほか、現在の「ロシア連邦」内のチェチェンその他、数多くのエスニック・グループの民族的・宗教的諸社会の異質性、都市と農村、エリートと大衆の間の経済的・社会的格差は、大きく、「国民共同社会」（＝一つのネーション）と言えるほどの「成熟した国民的統合」には到達しておらず、文化面での「理性化」のレヴェルは、先進国に近づきつつあるとはいえ、まだかなりの距離がある、「若い国民」です。したがって、国内の政治的・経済的・社会的対立や、不満の高まり、政治的近代化（＝自由化）の要求の高まりが、独裁者に対する批判に向かう「危険」は、絶えずあり、その圧力は、絶えず高まってくる状況にあります。そうした緊張の中で、独裁者は、それらの圧力をかわすために、国民の関心を外部に振り向けようとして、ナショナリズムを煽り、軍備増強や、対外強硬・膨張政策（ロシアのウクライナ侵略・中国の戦狼外交・台湾への武力統一の威嚇など）を採るようになっています。

わが国は、戦後、日米安保条約に頼り、自国防衛については、外国の国際比較研究者が驚愕するほどに、平和ボケの「極楽とんぼ」状態でした。一九八〇年～一九八一年に行われたある調査では、日本人のほぼ半分近くが、「自分の国が侵略される」ことになったら、「国を見捨てる」（二一％）か、「戦わずに敵に降伏する」（二三％）と答えていました。戦う意思を示した人は、三一％に過ぎませんでした。一九八三年に日・米両国で同時に実施されたある調査では、もし自国の領土が侵略された場合、「戦う意思がある」と答えた人は、アメリカ人の七三％に比べ、日本人は二一％しかいませんでした。一九八一年に実施された別のある国際比較調査では、「最も守りたい一つのこと」を選択することを求められた日本の成人で、「自由と平和」を選んだ人は、四四％、「自分自身、家族、財産」を選んだ人は四五％で、「自分の国、われわれの領土」を選んだ人は、たったの八％に過ぎませんでした。マテイ・ドガンは、これらの結果を見て、日本は、先進デモクラシー諸国の中で、最も「敗北主義的であるように思われる」と特徴づけていました。それから四〇年を経て、ウクライナがロシアの侵略行為に対し、国家の主権と自由民主体制を守るため、自衛の気概と軍事的努力によって奮闘する姿をみて、多くの日本国民は、国防の重要性を、「少しは」学習しつつあるように、見えます。日本はまだ、国際比較研究者の目からみれば、「普通の国」ではありません。が、ともあれ、多くの国民は、新興国からの脅威は身近にある、ということを感じたわけですので、わが国としては、常に変化しつつある脅威の実体を把握し、確実に「抑止力」を整えてゆくことは、平和を守り、国民の生き残りと、自由を守るため、喫緊の要請であると、私は考えています。

最後に、一つつけ加えておかなければならないポイントがあります。それは、ロシアや中国は、人口、国土、資源、軍事力、経済力を見れば、大規模な国家であり、強国ですが、政治文化と政治体制においては、「途上国」の位置にある、ということです。自由民主主義国に暮らしているわれわれの目から見れば、かつてわれわれが経験したように、神的権威や帝王支配の伝統が政治を支配した旧体制の下では、人民の生活は、一様に、貧しく、不自由でした（現在の北朝鮮を見よ）。ロシアや中国の体制は、社会学的に見れば、そうした伝統の延長線上にある政治体制であり、「開発独裁」によって、経済的にやっと今日の生活水準に到達できた「新興国」です。そこでは、まだ、われわれが享受しているような、幸福な生活の必須条件である、自由と人権の保障、人民の参政権、法の支配、司法の独立が、「憲法」上では理念として掲げられ、認められるようになりながら、現実には確立できていない「独裁体制」であるという点で、「途上国」のままです。また、それらの国の政治指導者は、「ロシア帝国」や「中華帝国」など、過去の「帝国主義」の思考様式に支配され、自らも「皇帝」たらんとしている「帝国主義者」です。西欧先進諸国も、かつてはアジア・アフリカ・中東などで植民地を支配していた帝国でした。しかし、第二次世界大戦後、帝国支配はおわり、その支配下にあった諸「民族」は、新興「国民」国家として独立しました。これと比べ、ロシアと中国は、「国民意識」に目覚めつつある諸民族（エスニック・グループ）を依然として支配し続けている「帝国」のままです。中国は、ウイグル、チベット、モンゴルから、さらには、香港、台湾に至るまで、自治や独立へと向かう「遠心的」ヴェクトルにさらされている多民族国家であることに加え、国内の経済的・地域的・社会的異質性などの「遠心的」ヴェクトルにもさらされ、経済体制の面でも、未だ公然と「市場経済」にもコミットすることもできない「社会主義市場経済」です。このように、折衷的で、矛盾に満ちた「若い」、「危険な」国家であることを理解せず、二一世紀の初めという、同じ物理的時間帯に生きているというだけで、進化のレヴェルを無視し、別々の「歴史的時間」を生きているこれらの体制の違い（＝発展の非同時性）を忘れて、あれもよし、これもよしと、相対化することは、危険な考え方である、と私は考えています。

第五章

先進諸国の発展と、政治社会の構造変化

『比較政治社会学の新次元』
（芦書房，2011年）

芝田　先生は、「フランス国立科学研究センター」（C・N・R・S）で、先進諸社会のデータに基づく政治社会の構造変化について、実証的な研究をされてきました。先進諸国の経済発展が労働者階級の貧困化と階級対立の激化をもたらすとした、マルクスの予言とは異なり、現実は、社会階級関係の複雑化（＝階層化）と階級帰属意識の希薄化が、投票行動の階級政党離れにつながり、政党支持の浮動化や、政党システムの変化をもたらしてきた、という見方をされましたが、その展開と現況について、分かりやすくお話ください。

櫻井　私は、C・N・R・Sのマテイ・ドガン研究部長が主宰するC・N・R・S内の「ヨーロッパ社会分析所」に所属し、フランス人の研究員たちとの交流のなかで、先進国の特徴を科学的に把握することに努めてきました。その詳しい内容は、マテイ・ドガン著『比較政治社会学の新次元』など諸著作の中で展開されていますので、ぜひ読んでいただきたいと思います。

先進諸国と言っても、西ヨーロッパとアメリカ、それに日本とでは、違いがあり、仔細に見れば、西ヨーロッパの中でも、多様性があります。ここでは、それらの違いよりも、共通点について、出来るだけ簡略に述べてみたいと思います。

伝統的社会と近代的社会の特色

櫻井　一世紀以上も前に、ドイツの社会学者テンニース（Tönnies, Ferdinand：1855－1936）は、伝統的社会と近代的社会の特色を表現するために、「ゲマインシャフト」（Gemeinscaft）と「ゲゼルシャフト」（Gesellshaft）という概念を対照させました。前者は、家族、親子関係、部族、民族共同体、宗教、近隣、言語など、「第一次的集団」への帰属意識で結ばれた伝統的社会の人間関係、すなわち「帰属社会」または、「共同社会」を指します。これと反対に、ゲゼルシャフトとは、個人の社会的地位が、職業、経済、教育、政治、市場、マス・メディアなど、「第二次的集団」に依存している社会関係、すなわち「利益社会」を指します。これら二つのタイプの社会の主な違いは、垂直的な「社会移動」（＝社会的流動性）の大きさの違いにあります。つまり、旧いタイプの「共同社会」では、社会的地位の上下移動は、最小であり、近代化しつつある社会では、相対的に大きくなる、という点にあります。第一のタイプでは、個人のいろいろな属性、たとえば、ある個人の低い所得は、彼の属する国民社会内における、彼の属する家族や部族や民族などの低い地位や、彼の職業上の低い地位、低い教育、などの属性と深く結びついている、という意味で、「地位の一貫性」が高く、近代化された社会では、第一に、国民社会内部の民族

（エスニック・グループ）、宗教、人種などの垂直的な社会的亀裂と、所得、教育、職業上の地位など、水平的な階層的亀裂との間に、「地位の一貫性」が少なくなる傾向があるということを意味しています。第二には、教育水準、所得水準、職業上の地位など、水平的な成層「における」個人の地位の一貫性にもズレが生じる傾向、たとえば、高い教育を受けたからといって、社会的に高い地位に上昇したり、金持ちになれるとは限らないというような傾向を指しています。

「ポスト産業社会」の構造変化

櫻井　西ヨーロッパ、アメリカ、日本など、先進諸国は、二〇世紀の後半に、目覚ましい技術的、経済的成長を遂げました。こうして生成してきた社会を観察した研究者たちの一人、ダニエル・ベルが、「ポスト産業社会」として概念化したことは、第一章で触れました。これらの発展論者たちが観察した、この新しい社会は、一九世紀にマルクスが観察した、産業革命によってもたらされた「産業社会」の特徴とはかなり異なった特徴をもった社会となりました。発展論者たちは、一様に、新しい社会における集団の成層と連帯の実態が、マルクスの「階級」と「階級的連帯」に関する認識の陳腐化を証拠立てていることを、明らかにしたのです。

労働者階級の減少と多様化

櫻井　技術の進歩、および、石炭にかわる石油、ガス、原子力など、新しいエネルギーの利用は、「産業社会」から「ポスト産業社会」への移行を決定づけました。かつては、労働者階級の砦と見られてきた自動車産業は、オートメーションの普及によって、被雇用者の半分以上が、ホワイト・カラー労働者と、専門的な役割を担う多様な技術者とによって、担われる産業となりました。二〇世紀前半には、鉄道労働者は、革命的理想の担い手でしたが、西欧諸国のほとんどは、鉄道網の電化によって、貨物や旅客を減らすことなく、その雇用の四分の三をカットしてきました。同時にトラック運転手の数は増加し、いまや、以前の鉄道従業員の数と同じまでになりました。トラック運転手と鉄道従業員は、異なった政治的行動をすることが、研究者たちによって明らかにされました。トラック運転手は、保守的で、個人主義的であり、鉄道従業員は、最左翼の組合に組織される傾向が見られるのです。また、西欧では、二〇世紀の初めまでは、工場は都市に集中しており、労働者は、パリに見られたように、大都市周辺の「赤いベルト」地帯に集住していましたが、今では、郊外化が進んで、大都市の工場労働者の数は、減少しています。

フランスでは、就業人口中の農民の数は、一九四六年の四二％から一九九二年の七％へと減少し、工業労働者の数は、同時期に、四〇%から二七%へと減少しました。一九四七年にフランスで、炭鉱と鉄道で働いていた労働者は、一〇〇万人、学生は一〇万人でしたが、二〇〇一年には、鉄道で働くブルー・カラー労働者は一〇万人しかおらず、炭鉱はすべて、閉山されました。同じ年、学生は二三〇万人いて、そのほとんどは、一八歳以上で、選挙権を持っています。また、一九四六年には、フランスには、家事使用人が一〇〇万人いましたが、現在では、その一〇分の一以下になっています。これと同様な変化は、すべての西ヨーロッパ諸国でも見られます。

労働者階級の減少に伴い、中流階層の増大が起こりました。ただし、その中身は、「旧中間層」とされる自営業者よりも、給与所得者である、「ホワイト・カラー」の増大が、顕著なのです。

技術進歩と構造的失業

櫻井　西欧の労働者階級は、現在、構造的失業にさらされています。マテイ・ドガンによれば、西欧では、二〇世紀末から二一世紀初めにかけての一〇年間、失業率は、年平均、一二%であり、最も高かったのは、一九九四年のスペインで、二〇%でした。この数字は、労働力人口全体に対する比率であり、労働者階級の中の失業率は、もっと高く、産業部門によっては、二五%にまで達していた、と見られています。この構造的失業は、短期的な問題にとどまるものではなく、永続的な現象であり、「技術進歩と高い生産性の結果でもある」、と、診断されています。これらの失業者は、経済的には働いていなくても、有権者ではあるというところに、政治的意味があるのです。

移民の増大

櫻井　労働者階級の構造には、もう一つ重要な変化が起こっています。それは、「移民」の増大です。ヨーロッパ、アメリカ、およびカナダでは、移民の多くは、南アジア、北アフリカ、およびブラック・アフリカから来ています。多くの西欧諸国では、労働者階級は、たった一世代の間に、三分の一も減少しましたが、残りの三分の二の中では、移民の増加に伴い、民族的構成が変化してきました。この三分の二の内、地元の労働者の一部が上昇移動し、地元の人々が嫌っていた最も厳しく、ほとんど技術もいらない、最も低賃金の仕事は、移民労働者に取って代わられました。これらの移民の多くは、ドイツやスイスの場合のように、市民権も選挙権も与えられていません。

ヨーロッパでは、戦後、高度成長期の好景気の時代に、安く、未熟練の労働者を必要としていましたので、多くの移民を受け入れました。ドイツとフランスの企業は、特に、地中海沿岸一帯から、そうした労働者を受け入れました。イギリスは、「大英帝国」が崩壊するに伴い、南アジアからの移民を受け入れなければなりませんでした。それからしばらくして、技術革新とオートメーション化が進むと、今度は、労働力の過剰状態へと転化しました。しかし、その間に、移民は根を下ろし、その子供たちは、特に、出生地主義を採るフランスでは、受け入れ国の国籍を取得しました。彼らは、技術革新の進展によって、親たちの世代の何百万人もの労働者たちが仕事を失っている時に、労働市場に参入してきました。移民の第一世代は、謙虚で、自己主張をしない、おとなしい人々でしたが、彼らの子供たちは、完全に一人前の市民として認められることを要求するようになっており、その結果、社会不安は、富裕層が居住する地域よりも、移民が多く居住する人口密集地で、最も高まっています。こうした地帯では、地元住民の多数派とは民族的に異なっている、移民をルーツとする、最下層のプロレタリアが、生まれてきているのです。これと比較すれば、古くからの労働者「階級」は、相対的に、特権的「階層」になり、非ヨーロッパから流入してくる移民に対して反感を抱くようになっており、両者の間に連帯感はなくなってきているのです。

こうして、社会的流動性の高まりと、生活水準の向上は、西欧諸国の地元労働者の階級意識を風化させるとともに、彼らと移民労働者とのギャップは拡大し、階級的連帯という言葉は、労働組合のレトリックにすぎなくなってきているのです。

新中間層の拡大と社会民主主義政党の成長

櫻井　「ポスト産業社会」では、「ブルー・カラー」労働者の数が減少してきたにもかかわらず、西欧のほとんどの国で（アイルランドを除いて）、社会主義政党は、勢力を拡大することに成功しました。この現象は、比較政治研究者たちによって、新しく成長してきた中流階層（小学校教員、技術者、事務職員など）が社会民主主義の陣営に流入することによって初めて可能になった、と分析されています。フランスでは、一九八一年、社会党のミッテランが大統領に選出され、一九八八年に再選されました。この時代に、社会党の「社会民主主義」政党への転換が完成され、労働者階級の間で、「共産主義」政党の衰退が、決定的になったと分析されています。

西欧諸国における社会主義政党の消長を、二〇世紀初頭から、長期間にわたって、統計的に分析した比較研究者たちは、興味深い「社会学的法則」を定式化しています。それは、「社会主義政党が小さい時は、それらの支持勢力の中では、労働者階級が圧倒的に優勢な政党であるが、社会主義政党が大きくなり、多数を占める政権党になる時には、それらは、社会的に一様でない政党になる。」という「法則」です。この現象は、一九五〇年代に既に目に見えるものになっていますが、マテイ・ドガンは、「社会党の得票力が大きければ大きいほど、社会党支持の有権者に占める労働者階級の構成部分は小さくなる。現在の多元主義的デモクラシー諸国では、社会的にも宗教的にも均質な巨大政党は存在しない。」と結論付けています。

宗教的信仰の衰退

芝田 われわれは、これまで、市場経済の発展は、個人主義と政治的民主主義をもたらし、理性化の法則は、脱宗教化と「世俗化」を促す、という大きな展望のなかで、政治社会の発展を見てきましたが、現実に、西欧諸国では、宗教的信仰はどうなっているか、信仰は政治行動にどんな影響を及ぼしているか、というテーマについても、触れていただきたいと思います。

櫻井 比較研究者たちの、このテーマに関する観察は、宗教的信仰と実践は、先進諸国のどこでも、衰退してきており、その投票行動への影響も、諸国、および、諸国内部の宗教的信仰の分布状況により、形状は異なるが、衰退している、ということを示しています。

どの宗教、どの宗派を信仰するかの違いは、国民社会を縦の線で分断する帰属意識の一種です。この意識が政治において「宗教政党」と固く結合していれば、その国は、国としての統合に支障をきたすことにすらなります。この現象の推移を観察するには、オランダが、全ヨーロッパの動向を知るための最適モデルと見られますので、ここでは、一九一七年から現在までのオランダの状況を概観したいと思います。

オランダは、長い間、相互にほとんど密閉状態にあった宗教的・イデオロギー的「部分社会」に分かれていました。カトリック派、（自由主義に非妥協的な）カルヴァン派、（自由主義に妥協的な）プロテスタント改革派、自由主義派、および、不可知論（＝無宗教）派がそれです。この国は、人口が、多くの大都市に分散しており、これらの大都市の中では、上記の「文化的共同体」の内、どれも単独で支配的勢力になれるものはありませんでした。そのため、政治は、これら諸共同体の「連合」の形で行われていました。オランダでは、「国民的危機」状況にあった、第一次世界大戦中の一九一七年に、比例代表制を採用し、これらの宗教的・イデオロギー的「ブロック」あるいは「列柱」が、相互の立場を尊重しあって連合する「多極共存型デモクラシー」を制度化しました。そこでは、各ブロックの内部で、大衆投票者は、ほとんどすべて、自分の属する「共同体」の利益を代表する「共同体のエリート政治家」に投票し、各ブロックの代表エリートは、頂点の国政の舞台で、政府の構成をはじめ、人事や予算の配分に至るまで、利益の比例配分の原則で連合し、協力するという、アングロ・サクソンの「多数決型デモクラシー」とは異なる、特殊な民主政治を構造化してきました。大衆とエリートが、このように構造化されていた社会では、「階級投票」は未発達のままでした。この体制は、第二次世界大戦後、経済が成長し、成熟してきた一九六〇年代半ばから、変化し始めました。第二次世界大戦後の経済発展と、「世俗化」の進行につれ、宗教的基盤に立っていた三つの政党の得票率は低下し続けました。その結果、これらの政党は、単一のキリスト教民主主義政党に融合しましたが、この政党も、一九九四年の選挙で、深刻な敗北を喫するに至ったのです。

オランダの社会学者P・デッカーの研究（Intergenerational Ideological Change and Politics in the Netherlannds, IPSA, 1994）によれば、オランダの市民で、いかなる「宗教政党」にも所属していないとする有権者の割合は、一九五八年には二四％でしたが、一九七五年には四二％、一九八七年には五四％、一九九二年には、五七％へと増加しています。カトリックまたはプロテスタントへの信仰を認める人々は、一九八五年の七五％から、一九九二年の三八％へと低下しています。その一方で、同時期に、社会主義、自由主義、ヒューマニズム、共産主義、不可知論などの「イデオロギー」に自己同一化する人々は、合計で、二五％から六一％へと増加しています。オランダは、宗教的には、ヨーロッパで最も構造化されていた国でしたが、現在では、スウェーデンとともに「最も宗教的でない国」となっているのです。かといって、「社会階級」が選挙と政党構造を決定づけているわけでもありません。最近の諸研究によれば、投票行動に影響を与えている要因は、その時その時の具体的な問題であり、実現可能な政治的選択の問題となっているのです。

イデオロギーの終焉と政党の中道化

櫻井　西欧諸国では、過去数十年の間に、左右のイデオロギーが衰退してきたことが観察されています。一九五〇年～一九六〇年代に激しいイデオロギー対立が見られたイタリアでは、その後、共産主義とネオ・ファシストの政党は、それらの教義も党名も変えてしまいました。フランスでも、政治的論争は、旧いイデオロギー的論争に代わって、現実的な争点をめぐる論争に変わっています。多くの調査は、西欧のほとんどの国で、国民の多数意見は、左-右という物差しの中央周辺に位置していることを示しています。このイデオロギー空間の中道化と、両極化の衰退は、諸国の社会主義政党、あるいは労働者の政党が辿った変化に現れています。

ドイツでは、社会民主党は、一九六九年のバート・ゴーデスベルク大会で、マルクス主義のイデオロギーを公式に否認しました。フランスでは、一九八一年に、社会党が政権に就いた当初、その政綱は、経済の主要部門の「国有化」を含んでいましたが、政権を担当して早くも二年後には、政策の方針を自由主義の方向に転轍しました。イギリスでも、労働党は、それまでの古いイデオロギーを捨て、党内における労働組合の権力を抑制した結果、現在では、中流階層の価値観をも代表するようになっています。

この変化と歩調を合わせて、選挙時の投票の「浮動化」、がいろんな調査によって観察されています。フランスでは、一九九五年の大統領選挙のひと月前の時点で、有権者の半分は、まだ態度を決めかねており、三分の一は、投票日前の一五日の間に、選択を決めた、と見られています。同様な浮動化現象は、イギリスでも観察されています。イギリスの一九八〇年の総選挙では、多くの有権者が、最後の最後まで選択をためらっていた、と見られています。有権者のこのためらいは、多くの有権者が、政党のラベルや教義よりも、身近な利益を優先するようになってきていることを、示しています。

一九九五年のフランス大統領選挙に関する調査では、有権者の多数は、失業、教育、汚職、制度改革などの重要問題についてしっかりした意見をもっており、少なくとも、彼ら有権者の三分の一は、政治的主義・主張やラベルには無関心であったことが、明らかにされています。この選挙では、「国民戦線」の躍進がみられました。この躍進のカギとなったのは、非ヨーロッパ系移民問題であったことは明らかですが、この政党への投票が、有権者の「イデオロギー」的な意思表示であったのは、投票者の内のほんの少数に過ぎず、多くの投票者にとって、それは、移民によって影響を受けている地区における日常生活上の現実問題への反応であり、移民への反感であったことが、明らかにされています。研究者たちは、一九八九年から二〇〇四年までに行われた選挙で、労働者階級の多い地域で極右への投票が高かったことの主な理由は、この移民問題であった、と見ています。

西欧諸国の政治生活について実証的に観察している研究者たちは、政党の活動家の数の減少、政党の機関紙が直面している、発行部数の減小、等々の諸困難、および、政治上の言葉使いの変化は、政治生活における政党の役割が衰退してきていることの兆候である、と見ています。これらの変化の他にも、「過激な」小政党は別として、「代表する政党」に対する「統合する政党」の消滅という現象にも注目しています。長い間、「労働者階級」の要求を「統合する政党」として、社会主義的な左派に投票してきた多くの労働者は、近年、自由主義や保守主義の方がおそらく、再び、経済的に繁栄を手に入れる見込みがありそうだ、というふうに、考えを変えてきているのだろう、とも見られているのです。

経済的不平等と、「階級投票」の低下

芝田　先進諸社会では、技術進歩と経済成長によって、ブルー・カラー労働者が減り、ホワイト・カラー労働者が増え、移民労働者が増えるなど、階層構造に明白な変化が起こるとともに、伝統的な左翼政党に大きな変化が生じていることが分かりました。が、最近では、社会的、経済的不平等は、根強く残っており、差別や、経済的格差は拡大している、とする言説すら見られま

す。これらの言説は、マルクス主義によって「社会化された」人々の世界観を、現時点で補強する役割を果たしているようにも思われます。では、こうした見方と、先生が分析された現象、すなわち、意識面で、階級のアイデンティティーが弱まっており、投票行動面でも「階級的」結合が低下している事実とは、どういうふうに関係しているのか説明してください。

「地位の非一貫性の高まり」

櫻井　この現象は、先進諸社会に起こっている、「地位の非一貫性」の高まり（あるいは、「地位の一貫性」の低下）、という観点によって説明できると思います。前に延べましたように、伝統的社会では、個人の低い所得は、彼が属する「国民社会」において、彼が属する、家族、身分（又は階級）、部族、民族などの低い地位や、彼の低い教育、職業上の低い地位などと深く結びついている、という意味で、「地位の一貫性が高い」のが特徴です。これに対し、近代化した社会では、民族（エスニック・グループ）、人種、宗教など、「国民社会」内の諸「共同体」への個人の帰属による地位と、教育、所得、および職業上の地位との間の「一貫性」が低下する傾向が高まり、また、個人の教育水準上の地位、所得水準上の地位、および、職業上の地位、社会的「威信」などの、「水平的」グループの中でも、「地位の一貫性」が低下してくる、というのが特徴です。

西欧先進諸社会では、「ポスト産業社会」における農民、および工業労働者階級の数の減少と、中流「諸階層」の増大・成長は、社会移動（＝社会的流動性）を高め、「地位の非一貫性」を高める源泉となりました。戦後の経済発展の時期には、地方農村出身の若者や、労働者階級出身の青年たちの大都会での「社会的上昇」が注目されましたが、最近では、社会的下降現象も、注目されてきています。「ポスト産業社会」では、「上方への移動」もあるが、それに対応する、「下方への移動」もあることが、一つの特徴となっているのです。

アメリカの社会学者、リプセットとゼッターバーグの観察によれば、「中流階層の子供たちの、ある割合は、社会・経済的地位において、下降して」います。これらの青年たちは、「高等教育を修了する能力をもたなかったり、官僚制の階層構造の中で首尾よくやってゆく能力をもたなかったため、途中で挫折した」のです。「中流階層出身の人々が社会的に下降して行く理由がいかなるものであれ、彼らは、下層の背景を持つ他の人々に、上昇する余地を残したことにはなる」、というわけです。

現在では、中流階層に生まれた何百万人ものヨーロッパ人やアメリカ人が、このような「非一貫性」の状況にあり、社会的下降は、世代内でも、世代間でもおこっている、と見られているのです。

現代の先進諸国では、「地位の非一貫性」の主な源泉は、第一次集団、特に「宗教的共同体」や「家族」からの「個人」の解放にある、と見られています。現在の先進社会では、個人の成功は、これらの第一次集団への帰属よりも、「学校教育」によることが多くなっているからです。「地位の非一貫性」現象は、学校教師の現状にも現れています。現在の西欧諸社会では、教員は、四〇年前の重工業の工場労働者よりも数が多く、彼らは、多くの場合、彼らが受けた教育の水準と、社会における彼らの役割、および彼らの所得との間には、深刻なギャップが生じています。西欧諸国では、ほとんどの教員が左派志向であるという現象は、階級という概念よりも、「地位の非一貫性」という概念によって、説明する方が、適切であるように思われます。大学の教授の中にも、この「非一貫性を感じている」人々がいるのです。

比較研究者たちは、西欧では、過去数十年の間に、上昇と下降という、二方向への流動の結果、新しいカテゴリー（＝社会階層）が成長してきているという事実に注目してきました。その一つは、「知的プロレタリアート」であり、もう一つは、「民族的成功者」です。

西欧先進諸社会では、教育が普及し、高学歴の人々を数多く生み出しましたが、それが、「ポスト産業社会」の人材需要との間に、深刻な矛盾を引き起しているのです。西欧諸国では、一八歳人口の三分の二は、まだ学生です。彼らの多くは、大学を卒業した年に、知的水準、および、経済的報酬という点で、彼らの期待に見合った仕事を見つけることができない状態にあります。

人口の中のこのカテゴリー、すなわち、「教育を受け、ポケットに学位を携えた若い人々」の間で、失業率は最も高くなっているのです。大学卒業生のこのような過剰は、現存の仕事が既存の労働組合によって保護されていることもあって、西欧の高度技術社会が、これら若者集団を「彼らの興味ある職業」に吸収できない状態にあることを、物語っています。この教育の水準、仕事の質、および所得の水準の間の不均衡は、「教育を受けすぎた」若者たちの「地位の非一貫性」を生み出しています。「ポスト産業社会」は、生産性を追求することで、人間労働を機械労働に置き換え、中流階層に生まれて高等教育を受けた、新しい種類のプロレタリアートを生み出しているのです。西欧では、一九九三年から二〇〇三年までの一〇年間、四人～五人に一人の割合で、二五歳以下の若者が失業しており、その他の若者も、「格下の」仕事に追いやられているのです。自分の能力以下の仕事、「格下の仕事」を受け入れている人々は、「地位の非一貫性」が最もよく見られる変種の一つであり、「疎外された人々」の予備軍となっているのです。

「民族的成功者」とは、国民社会の中の移民など、エスニック・グループ（民族）に属する個人が、個人的に上昇する形で現れる社会移動を指します。移民の国アメリカではこれは普通のことですが、ヨーロッパでは、比較的新しい現象です。この種の「地位の非一貫性」は、イギリス、フランス、ドイツ、ベルギー、オランダ、スイス、およびオーストリアのエスニック・マイノリティーのケースに見られます。ヨーロッパでは、東欧など、同じ「ヨーロッパ」からの出身で、西ヨーロッパの国々に移民した人々や、西ヨーロッパ内のある国から別の国に移民した人は、ただの一世代で、移民先の国に同化されます。フランスの場合、イタリア、スペイン、ポルトガル、ポーランド、ルーマニア、アルメニアなどから移民としてやって来た「市民」は、八百万人にも上ります。これらヨーロッパからの移民の子供たちは、普通は、「地位の非一貫性」は問題になりません。が、地中海の南岸からの移民の場合のように、民族や言語や宗教と結びついている場合、移民先の国民への統合には、二世代はかかり、若い世代は、しばしば、「地位の非一貫性」を経験することになります。民族や言語や宗教の違いに、さらに、肌の色の違いが加われば、統合は、さらに難しくなります。南アジアやアフリカ出身の移民の多くは、受け入れ国の社会から排除されている、と感じています。それにもかかわらず、これらマイノリティーに属するが実力ある人々は、経済的にうまく統合され、少なからぬ人々が、所得の階段を上ってゆきます。彼らは、完全に同化した移民であるだけでなく、「民族的成功者」であり、「地位の非一貫性」の体現者なのです。

ヨーロッパでは、これら二種類の「地位の非一貫性」が、社会の底辺において「地位の結晶化」を具現している社会的カテゴリーと対照をなしています。「経済協力開発機構」（ＯＥＣＤ）の調査によれば、一九九〇年代には、ヨーロッパ先進社会の成人人口の約四分の一は、日常生活に必要な、読み書き能力が十分でない状態にあり、これらの人々は、「職業上必要な能力」、という点から見て、「教育を受けすぎた」、高い割合の青少年たちと、共存していることが、明らかにされています。ヨーロッパ社会における強い「地位の結晶化」は、これらの内、とくに読み書き能力が十分でない人々が、最も低い賃金を受け取り、最も下級とみられている仕事に就いており、また、彼らの大部分が、非ヨーロッパ出身者であるという事実から生じているのです。同様な現象は、アメリカに年々やってくる移民の場合にも、見られます。

以上、見てきましたように、西欧先進社会では、教育の発展、宗教的信仰の低下、「階級」の不分明化あるいは、階級から「諸階層」への移行、「地位の非結晶化」現象が観察されますが、これは、社会進化の方向について述べた、「理性化の法則」、および「貨幣経済の発展に伴う個人化の法則」の発現形態と言ってよいと思います。特に、「地位の非一貫性」は、個人的な上下の移動の総和として現れる、社会的流動性によって起こる現象です。R・ダーレンドルフは、この社会移動の中でも「上昇移動性」の高さは、個人主義を促進し、階級意識を損なう作用がある、ということを、明らかにしていました。

けれども、これと反対に、下降移動性が高い場合は、マルクスが強調したように、階級意識を助長する作用があります。この場合、個人は、集団を離れるのではなく、「地位の非一貫性」という点で、同じ状況の中で、自らを他の人々と同一化する傾向が生ずるのです。たとえば、大工場、鉱山、鉄道、労働者階級が住む郊外、あるいは、大都市のスラム街のように、同質的な集団が形成されやすいような社会環境では、個人の「地位の再結晶化」という社会現象は、集合意識と「マイノリティー・コンプレックス」という形で、発現することになりやすいのです。

西欧社会の中でも、文化的同質性の高い国から国への移民、たとえば、昔、西欧からアメリカやカナダに渡った移民は、ほとんどの場合、移住先の国の文化に完全に同化するのに二世代を要しただけでした。が、現在の西欧諸国では、事情は異なります。最近の移民は、地中海の南岸やアフリカの出身者が多く、彼らの目立った特徴は、宗教や言語だけでなく、肌の色も違うことです。彼らの統合には、二世代以上が必要と見られています。現在の西欧諸国で注目されている「多文化主義」の主張、すなわち、民族的多様性の認知と、その制度化を求める運動の源泉には、このような「地位の結晶化」という事情があるのです。

現在の西欧先進社会では、一般に、「地位の非一貫性」は、以前の世代と比べて、高くなっています。この上昇は、経済的移動の上昇と下降とが、ともに増加したこと、「非ヨーロッパ」系移民の流入の結果、西欧社会の民族的多様性が高まったこと、その結果、不平等感が高まり、特に、移民の「第二世代」の間に、「多文化主義」が広まったこと、などの結果と見ることができると思います。半世紀前には、「地位の非一貫性」は、たいていの場合、教育、所得、職業、宗教、性別などの間の不均衡の問題でしたが、現在では、それは、民族的、人種的な混在にも由来しているのです。

アメリカと、ほとんどの西欧諸国では、現在、社会的、政治的に均質な多数派は、存在しません。多数派のように見える勢力でも必ず、いろんなマイノリティーから成っているのです。先進社会は、並存する多くの階層構造を含んだ多元的社会です。そこでの政治活動は、一時的で不安定な、政治上・選挙上の多数派を形成するために、複数のマイノリティーの連合を築く戦いとなっているのです。ほとんどの先進諸国において、左派の政党は、「地位の非一貫性」によって生じた欲求不満や、マイノリティーに属することの心理的コンプレックスを経験している人々など、いろいろなマイノリティーから構成される政党となっています。アメリカでは、民主党を支持する有権者は、民族的構成という点で、共和党を支持する有権者よりも均質でなく、いろいろなマイノリティーの混合体です。フランスでは、左派の連合は、「公式に」、「多元的多数派」という呼称を採用するようになっています。人口学的動向の予想では、西欧社会はますます、経済的な軸ではない線に沿って、多様化しつつあり、エスニシティーや人種の違いによって促進される「地位の非一貫性」が拡大してゆく傾向を示しています。

西欧社会は、過去に遡れば遡るほど、宗教、民族、および、地域的共同体が、選挙を左右する重要な要因でした。比較政治社会学の研究者たちによれば、ヨーロッパで、激しいイデオロギー的論争が展開されていた、一九四五年から一九七五年までの選挙では、選挙において投票の最も重要な説明要因だったものは、日本ではほとんど理解されていませんが、「階級」よりも、宗教、民族、および、地域など、垂直的な文化的亀裂であったことが明らかにされています。

西欧社会で、社会的不平等が持続しているにも関わらず、投票行動において「階級」要因が衰退してきた主な理由は、労働者階級の最下層の民族的構成の変化にあります。西欧全体で、工業とサーヴィス業の下層の労働は、元々その国にいた労働者からは見捨てられ、非ヨーロッパ系移民に取って代わられてきました。現在では、労働者階級のかなりの部分が、選挙権をもたない移民によって構成されています。そうした状況の下で、階級的連帯は、失われて来ているのです。職場や近隣で移民に囲まれて生活している地元の労働者たちの中には、自分たちの方が「格上」にあると考えていて、選挙の際には、極右政党に投票することによって、移民問題に責任ありと目される政党に抗議する人々もいるのです。こうした現象は、フランスのような多党制の国でしか表面化しません。イギリスやアメリカのような二党制の国では、表面化しないのです。ヨーロッパでは、非ヨーロッパ系移民のマイノリティーの存在は、こうして、左翼よりも、右翼政党の「ポピュリズム」を強化し、逆説的ですが、民主的社会主義の可能性を低下させているのです。

投票行動の個人主義化

櫻井　「階級的連帯による投票」の衰退は、選挙行動の「個人主義化」にも起因しています。

ヨーロッパでは、長い間、有権者の大多数は、特定宗教の信仰、自分たちの社会的・経済的地位とその認識（＝帰属意識）、自分たちが所属する民族的、地域的、あるいは言語上の「共同体」によって、影響され、条件づけられてきました。しかし、現在では、過去のどの時代よりも、教育やメディアの発達とともに、ますます多くの有権者が、集団や「共同体」の一員としてよりも、自由な個人として、行動するようになっています。このような、有権者としての個人の解放は、個人主義の高まりという、一般的、本質的動向を反映していると思われるのです。

選挙における投票行動の浮動性の高まりと、有権者の政党離れは、このような「投票の個人化」に起因している、ともいえましょう。

第六章

先進社会における豊かさと幸福

―結びに代えて―

芝田　主要諸国の政治体制の誕生から現在までの進化について、これまでの説明で、経済、社会、歴史、文化などの環境条件と、それらの変化との関連で、鳥瞰図を得ることができました。そこで、この講話の締めくくりとして、われわれがこれまで追い求めてきた、「社会における豊かで、幸福な生活」は、「政治」によって、どうしたら確保することが出来るのか、「政治学」の観点からお考えを聞かせてください。

櫻井　まず、「豊かさ」とは何か、その定義なり、イメージを、明らかにする必要がありますが、そのためには、その反対概念の「貧困」とは何か、を押さえておかねばなりません。これは、普通「相対的貧困」と「絶対的貧困」とに分けて説明されます。そのうち「絶対的貧困」とは、人間が生物として生きてゆく上で不可欠な、必要最低限の要求を満たせるだけの財やサーヴィスを、自分の意思で支配し処分できる「所有」ができない状態、と定義できると思います。具体的には、イギリス産業革命期に、幼・少年が労働で酷使されたり、一家全員が狭小で不潔な部屋に住まわされたり、街に失業者や物乞いがあふれている、といった状況です。日本では、長塚節の『土』で描写された農民の生活や、林芙美子の『放浪記』に出てくる庶民の生活は、イギリスの産業革命期の状況よりは、ましかもしれませんが、決して豊か、とは言えないだろうと思います。「相対的貧困」については、比較の対象と、主観的判断とによって、大きく変わりますから、判断は難しくなります。絶対的貧困のレヴェルを超えていることは分かっても、その人の主観によっては、大部分の人が貧困に感じたりすることが、ありうるからです。

そこで、国家として、貧困を脱却していったと考えられる事実を確かめるため、日本の戦後の経済成長期の事例を観察して見たいと思います。高度成長期の初めに当たる一九五〇年代後半、憧れの生活の目印として、「三種の神器」がマスコミで話題になりました。これは、白黒テレビ、洗濯機、冷蔵庫を手に入れることが、豊かさの目印とされたことを意味しています。一九六〇年代後半になると、三C、すなわち、カラーテレビ、クーラー、カー（乗用車）が「新三種の神器」として、マスコミで、キャッチ・コピーとして宣伝されました。そして、二〇〇〇年以降では、デジカメ、DVDレコーダー、薄型テレビがそのように宣伝されました。が、現在の時点から見れば、それらは、普通の人なら誰でも持っている、ありふれた生活という、イメージになっていることでしょう。こうした消費生活の向上が観察される中で、一九六〇年には、ガルブレイス（John Kenneth Galbraith：1908－2006）の『豊かな社会』が邦訳出版され、話題になりました。

ところが、この経済成長がさらに続く中、一九七〇年代に入ると、先進諸国では、イングルハート（Ronald F. Inglehart：1934－2021）の本の題名にある、『静かなる革命』が起こっている、との認識が広まったのです。これは、人々が、それまでの、物質的な価値よりも、それを超える様々な価値の追求に、関心を高めてきている、という傾向を、指摘したものでした。具体的には、このころ、日本の出版物やメディアでは、「価値の多様化」とか、「生き甲斐」が論じられる傾向が現れてきました。これは、それまで物質的価値の追求を価値体系の上で上位に位置づけて来た態度が、これとは別の諸価値を、物質的価値と同等か、それ以上に位置づける人々が、目立ってきたということを、示すものに他なりません。また、飽食と太りすぎによる、成人病とか、生活習慣病などが問題視され、レジャーや海外旅行が一般化し、少子・高齢化に伴う諸問題が論じられるようになってきました。こうした兆候群を、私は、大衆のレヴェルで「豊かな社会」が現出した目印と、捉えています。

人類が、大衆レヴェルでこのような状態を見たのは、人類史上、先進諸国のこの時代が初めてであろうと、私は考えています。それ以前は、人が生きてゆく上で最も大事な、食糧などの物質的価値を入手することは、生産力が低かったことが主な原因で、困難であり、この、優先順位の高い価値をめぐる対立は、それだけ激しいものになりました。勢い、こういう状況では、強者はこの希少価値を力づくでも奪おうとし、弱者は、これに激しく抵抗、あるいは、敵対するというのが、常でした。歴史上の激しい闘争や「戦争」、人々の悩みや苦しみの大きな部分は、このような特色をもっていたのです。現在でも、発展途上国や新興国での政権担当者の汚職は、先進諸国のそれと比べれば、「桁」が違うことは、特徴的です。政治家や、公務員の汚職は、先進国では常にマスコミをにぎわしていますので、汚職問題は、数多く、市民の汚職に関する関心も高いように認識されていますが、途上国や新興国の汚職は、政治体制が、独裁制か権威主義体制なので、汚職は構造化されていても、言論の自由、報道の自由がないため、報道されず、司法の独立も確立していないので、表面化しないままになっているだけなのです。ルーマニア共産党書記長であったチャウチェスク大統領（Nicolae Ceauşescu：1918－1989）が、民衆暴動で追放・処刑された時、彼の大統領官邸は、封建王国の宮殿以上の豪邸でした。ロシアのプーチン大統領は、壮麗・豪華な宮殿や別荘やクルーザーをもっていることが、批判的活動家によって、暴露されました。中国共産党幹部たちは、莫大な資産を海外にもっており、家族や親族を海外に住まわせたり、留学させたりしていることが、明らかにされています。また、党内人事でも、贈収賄の汚職が構造化されていることは、先進諸国の中国ウオッチャーたちによって明らかにされています。が、国内では、党内権力闘争の口実として表面化する場合以外、報道もされず、批判もできないのです。先進諸社会とそうでない諸社会の、物質的諸価値に対する価値観の差異は、こういうところにも、見られるのです。

産業革命が最も早く行われたイギリスですら、戦後の福祉国家化と、経済成長によって、初めて、大衆レヴェルでの豊かさは達成できたのです。一九世紀初頭に、この国で、自由主義者が政権運営を通じて行った「自由放任政策」では、この豊かさは達成できませんでした。彼らは、ベンサム（Jeremy Bentham：1748－1832）の思想によって改革を図ったので、「哲学的急進派」と呼ばれていました。彼らが行った改革としては、救貧法の改革や監獄の改革がよく知られています。当時、労働者の失業は深刻で、彼らは、救貧院に救いを求めて押し寄せましたが、救貧院の収容能力には限界があり、国家予算にも限界がありましたから、救貧院に収容される人は、「労働可能な身体をもった人が、労働市場で自分の労働によって受け取れる最低賃金水準以下」の処遇しか受けられない、という、入所抑制の原則を、適用されることとなりました。また、失業した揚句、浮浪者となり、物乞いになる人も増え、他人の物を奪う犯罪者も、監獄の収容能力を超えるほど増大しました。当時の監獄制度では、昔からのやり方で、身体的懲罰や、宗教的な悔悛策（教誨）が行われていましたが、こうした方法では問題解決にはならないので、収監者には、労働習慣と技術習得を施すやり方に、改革しました。いずれも、労働可能な者は、自分の理性的計算で、自分の技能など、実力を高め、労働市場で自立するのを促進し、合わせて、国家予算の負担を増やさないことを、目指した改革でした。こうした自由活動の法的枠組みとしては、私的所有権や居住・移転の自由、転業の自由を法的に確立し、自由市場での活動を奨励し、もって、生産を増大させることを目指したのです。しかし、それでも、貧困問題は、解決できず、「豊かな社会」の実現は、二〇世紀の後半まで、待たねばならなかったのです。一九世紀の先進国イギリスが自由放任主義政策で目指していた目標は、現在のわれわれには、想像することも難しいことでした。それは、この政策の目的とされた、功利主義者の「最大多数の最大幸福」という標語が意味していた内容です。それは、全員ではなく、「大部分の人々」が、生命線を下回ることがないような、物質的水準を達成するようにすること、だったのです。

一九七〇年代に先進国に「大衆のレヴェルで」初めて現れた『豊かな社会』現象は、物質的豊かさだけでは、幸福になれないということ、人間には、それだけでは満足できない欲求があるということを、表面化させたという点で、画期的でした。つまり、肉体的に生きるための条件を満たそうとする欲求を、第一次的欲求とするならば、それを満たしただけでは満たされない、さらには、それを超えてまで満たしたい、第二次的欲求があることを、表面化させたのです。この種の欲望は、過去にもなかったわけではありません。が、それは、ただ、社会の中の「少数者」にとっての問題であったのです。

フランスのアンシャン・レジームの下、無為・安穏な暮らしをしていた貴族たちは、政治権力は奪われており、アンニュイ（倦怠）に苦しんでいました。彼らは、社交や恋愛、あるいは、芸術や、学問研究に打ち込んだりして、「苦しくて、死ぬほど退屈な」この倦怠から抜けだそうとしていました。ラファイエット侯爵のように、異国であるはずのアメリカの独立革命に身を投じたり、「貴族制度の廃止」を決めたフランス大革命の「人権宣言」の起草者の一人となったり、自分の経済的・社会的利益から考えれば、トクにもならず、むしろ、それらに反する活動にすら、命がけで没頭しました。

思想の面では、ルソーは、同じころ、この第一次的欲求と第二次的欲求とを区別していました。

彼は、功利主義思想を批判して、人間の欲望のうちには、「自己保存」のために必要な「真の欲望」と、そうでない「空想的な欲望」、つまり「奢侈（＝贅沢）」とがあり、神が是認して、十分に満たしてくれるのは、前者だけであって、空想の域にまで増長した欲望があったのでは、それを満足させるための物資に事欠くことになるのは当然である、と考えていました。さらにまた、彼は、この第二次的欲望に埋没するようになれば、人心は、利己主義・排他主義に陥り、果ては、戦争状態に入りこむことになるのは避けられない、と警告していました。この考えを思い起こすたびに、私は、豊か「過ぎる」経済生活をエンジョイする現代社会は、資源浪費と自然破壊を招き、地球温暖化と環境汚染をもたらす、と、警告する、「緑の」党の価値観の先駆を見る思いに駆られます。

それはさておき、ふたたび、現代先進国の状況に立ち戻ってみれば、「価値の多様化」とか、「生きがい」をもとめる欲求の高まりの他にも、たとえば、企業の商品開発や販売戦略の面で、人間の精神分析学や情報技術を応用した、計画的な企業行動が、人間の欲望の創出による市場拡大につながっていることは、よく知られています。この技法が成功を収めているということは、人間の「真の欲望」を超えた、「空想的欲望」を人為的に造って、売り込む戦略が功を奏していることの証左であろうと、私は考えます。具体的には、生きるに必要不可欠だから買うのではなく、他人が持っているのに自分も持たないと悔しい、というような「競争心」から買ったり、他人以上の力を誇示しようとする「名誉心」から、買ったりする行動は、一般的だ、ということです。アメリカの経済学者ヴェブレンの言う「見せびらかしの消費」が一般化したわけです。こうして、膨らんでゆく欲望に対処する方法を明確化することは、「豊かな社会」の住人にとって、また、そういう社会の政治にとって、心すべき重要なことであろうと考えます。

この問題に対処するには、まず、人間の欲望を、二段階に分類し、それぞれの特色を明確にしておくことが、大切です。われわれは、ルソーに従って、第一段階の欲望は、「人間自然の欲望を満たそうとする段階に現れる欲望である」、と定義しましょう。これは、人間が窮乏状態において感じられる欲望のことです。第二段階の欲望は、人間自然の欲求を、「一応、」満たせる生活においてのみ感じられる「de lux」な欲望、つまり、無ければ無くても生きられるような物事への欲求、贅沢な、あるいは、豪奢な物事を求める欲望、を指します。これら二種類の欲望の内、前者は、「食べ、着、住み、性交する」ことを基本とする、生命の要請から出てくる要求だから、「単純明快」な内容を持っています。のどが渇いた、おなかがすいた、寒い・暑い、眠い、性交したいといった生命の欲求がそれです。これに対し、後者は、複雑で多岐にわたる内容を持つ点に、特色があります。これは、二次的な欲求だからと言って、穏やかなものばかりとは限りません。社会の規範や慣習を無視して、異常な快楽に耽る消極的なものから、冒険や大事業を敢行するような積極的なもの、あるいは、理論と正義とを織り交ぜて、社会運動や、宗教運動に粉骨砕身する者に至るまで、種々・多様な形をとって現れます。極論すれば、それは、一人ひとりに独特な形で、現れることもある、ともいえましょう。

ルソーを深く研究した松平は、アランの『幸福論』なども含め、この問題に関する優れた研究成果を残しました。この第二次的欲求を、彼は、以下のように、分析しています。

この、無ければ無くても生きられる、複雑多岐にわたる二次的欲求にも、次の三点において、共通の特性があると、彼は分析しました。その第一は、他律的に嵌められた型通りに生きることを嫌い、与えられた枠にとらわれず、自ら進んで選んだ型の行動を求める「自主性」の欲求であるということ、です。その第二は、自主的行動、言い換えれば、「自分勝手な」行動であることに起因する困難も、苦労も、世評も、意に介さないという意味での、「自虐性」です。そして、第三は、そのように自分勝手な行動をとりながらも、世間の、つまり、社会的な、待遇が落ちることには、強く反対する「利己性」です。

西欧近代に現れた、感覚論哲学を基本にしている福祉国家も、唯物論哲学を基本にしている社会主義も、人間の欲望を第一次的なものに限り、de luxな物事を求める人間の欲求に正面から取り組むことをしていなかった点では、共通しています。この点で、現代の発展している社会では、限界がある、ということが、分かると思います。われわれが見てきたように、人間が持つ二次的欲求をも考慮に入れ、それらが満足されるところに、「人間の幸福」を認めるという考え方に立つならば、換言すれば、功利主義や唯物論の限界を認める立場に立つならば、「幸福」の実現は、一律に考えては、実現することができません。それらは複雑多様なかたちを取るものだからです。しかしまた、この種の欲求が、多種多様なかたちをとるとはいえ、それらに共通性があることも、確かです。これらの欲求は、与えられた安住の生活に対して感じる「倦怠」(ennui)であり、自らの意思で自らの運命を切り開こうとする、「自由」の熱望なのです。「生き甲斐」をも考慮に入れなければならない、この立場に立って、「幸福」実現のための方策を考える政治の在り方を考えるならば、まず第一に、「自由主義」が、基本とされなければならないことは、明らかです。

しかし、現代先進諸国においても、現実には、この種の欲求の充足を望みえない貧困者にとっては、これだけでは十分ではありません。したがって、複雑多様であると同時に自主性固守という点で共通性を持つ、二次的欲求の様々な現れに対して、私は、「社会秩序の枠内で、できるだけ満足を与えつつ、貧困をなくす方策をめぐらすこと」が、原則となるべきである、と考えます。

第二に、社会のすべての成員が、このように自由に、諸価値の追求ができるようにするには、下部構造としての「経済」的基盤が確立・維持されなければなりません。この下部構造においては、自然経済下では、「土地」の支配者、貨幣経済(=市場経済)下では、貨幣を「所有する」「個人」が、「自由」の享受者でしたが、現在は、既に、「エネルギー経済」の時代に入りこんでいます。現代先進諸社会の個々人の豊かな経済生活の営みは、それを賄う高度に発展した生産・流通・情報産業の営みとともに、「巨大エネルギー」の消費という支えなくしては、不可能になっています。しかし、この巨大エネルギーの消費は、生きとし生けるものにとって、もっとも大切な、地球環境の破壊をもたらしていることが、科学的エヴィデンスによって、証明されています。したがって、われわれの自由な生活の支えである豊かな経済生活を維持・発展させようとすれば、この資源の浪費を避け、「持続可能」(sustainable) な、とりわけ、クリーンで安全な、巨大エネルギーを確保することが、至上命題となります。石炭・石油・天然ガスに代わる、再生可能なエネルギーの利用、効率の高い大容量の蓄電池や水素の生産・利用技術の開発、安全な核融合炉による発電技術の研究・開発などに、国家と社会が取り組まねばならない時代に、われわれは生きている、と、私は考えています。

「豊かで幸福な生活」は、以上述べたように、「自由」の要求が正当化され、また、その自由な生活を可能にするための、下部構造として、市場経済とエネルギー経済も正当化されますが、それらだけでは、幸福な生活は確保されません。「豊かで幸福な生活」は、第三に、「豊かな人間関係」という、「社会関係」が確保されなければならない、と考えられるからです。「自由」と同じく、近代のもう一つの理念である「平等」は、難しい問題を、内包しています。平等に生きる、とは、自由主義者にしてみれば、機会の平等にとどまり、身分制度など、自由競争の障害を取り除き、スタートラインを同じくすることで、解決されるとして、すまされましたが、実際には、個々人の所与の属性は、貧富の格差のある家族的背景や、個人的能力、得手不得手、好き嫌い、などで、千差万別であり、この現実の不平等から、平等化への道を確保するためには、究極的には、国家公共の手助け、あるいは介入がなければ、なりません。「ゆりかごから墓場まで」国家が関与することになるわけです。これは、個人を国家が直接支配することで成り立つ近代国家が、前近代では、家族や親族、近隣や宗教団体その他の身近なコミュニティーが、共感や憎悪の感情を媒介にして行っていた、具体的かつ直接的な人間間の接触とコミュニケーションに、とって代わって、行うようになる、ということを意味しています。つまり、国家の前に、個々人は、平等な「法人格」を与えられ、処遇されるようになるということです。こうして、人は、出生から、保育所へ、学校から社会へ、はては、老後の生活から死に至るまで、国家という、本来の家族その他のコミュニティーが持っていた「温もり」を欠いた、「新しい家族」に組み込まれてゆくことになります。そこに、前近代に見られた個々人の身近な人間関係とは異なった、新しい環境が生まれてきます。前近代の農耕経済に不可欠だった「大家族」は、近代では「核家族」となり、さらに単身世帯が増え、生まれてから人生の最後まで、国家の手に身をゆだねる生活が出現するのです。フランスの政治学者G・ビュルドーは、現代では、「パトロン（主人）」は、雇用者となり、隣人、は不動産の共同所有者となり、われわれを助ける人は、公務員となる。われわれが人を援助するのではなく、われわれが拠出する金庫が、われわれに代わって人を援助するようになる。もはや、師匠もなければ、弟子もない。いるのは、教員と学生である。」と述べています。人間の接触は、希薄化し、法的人格間のコミュニケーションのネットに代わられてくるのです。デジタル化の進展は、この関係にさらに、拍車をかけます。他人から切り離された国民一人ひとりが、情報面でも、国家管理の下に置かれる状態が、進むわけです。

こうした条件の下で、幸福な人生を考えるには、どうしたらいいでしょうか。人それぞれが、自分の価値観に従って、自由に「生き甲斐」を追求することが、第一でしょう。「私自身の考え方」としては、「自然主義」、つまり、人が生きる基本的条件を忘れないことが重要である、と考えています。前にも触れましたように、一人で、空中に浮遊しては生きられない、「社会的動物」である人間は、空気と水と土地と、それに、人と人とが直接接触する「人の輪」(conviviality＝アメリカの社会学者イリイッチの用語で、「相互親和」、「宴会気分」、「だんらん」など)を大切にするような生活を確保することだ、と思います。この点で、「天皇制が象徴する日本の伝統文化」は、「自然の崇拝、自然との調和・共生」、および、「人の和」を基本的価値とする文化ですから、「豊か」で、「エコ」な、そして「理性化」の時代にも、世界的にますます普遍性が高まってゆく文化である、ということを、誇るべきだと考えます。

芝田　今までお話していただきました「政治社会学」は、政治学、社会学の「知の巨人」たちの洞察を踏まえ、世界史的な視座から捉えた展望のように、感じられました。とりわけ、ルソー、

Ａ・コント、トックヴィル、デュヴェルジェ、ビュルドー、ドガンなど、フランスの政治学者、社会学者が中心ですが、それに加え、スペンサー、Ｄ・ベル、ブレジンスキー、Ｍ・ウェーバー、テンニース、ダーレンドルフ、その他、米英独の知の巨人たちの知見が体系的に織り込まれた政治社会学という印象を受けました。日本の学者としては、松平齊光の影響が色濃く感じられました。われわれ後輩も、これから、政治社会の理解のため、役立てたいと思います。ありがとうございました。

櫻井　ご指摘の通り、私は、松平の不肖の弟子でしたので、その影響が決定的であることを、認めます。そこで最後に、この講話を終えるにあたり、恩師が、東北・黒川の王祇祭を探訪した折、村の古老に贈呈した歌を、一首、紹介したいと思います。

雪に埋む　里の祭の歌声は
日の本護る　神の御声ぞ
松平齊光　著、『祭』、（日光書院、昭和一八年）より

あとがき

二〇二二〈令和四〉年に傘寿を迎えられた、明治大学名誉教授・博士（政治学）で明治大学政治経済学部元教授の櫻井陽二先生。本書は、先生の専門である政治学、とりわけフランス政治学や「松平政治学」等に関する該博な知識と、デュヴェルジェやドガン等の世界的な政治学者の謦咳に接した経験とに裏打ちされた、櫻井先生自身が考える政治学理論、すなわち「櫻井政治学」の一端を提示するものです。

「櫻井政治学」の特徴は、「古くて新しい」政治学を、フランス社会学の伝統を背景にしながら単なる経験論や抽象論に陥らない政治学、すなわち政治社会学として具体的に論ずる点にも求められます。政治学のテキストが巷間で数多く見られる中にあって、本書がその「屋上屋を架す」のを免れることができたのはこうした理由からです。いわば、本邦初となる「フランス流政治学テキスト」の出来となるでしょう。

またこれによって、アメリカ流の政治学、あるいは戦前に由来するドイツ流の政治学などに慣れ親しんで来たわが国の政治学界に一石が投ぜられ、従来の政治学を捉えなおす契機ももたらされるでしょう。今後、多くの政治学研究者や政治学を学ぶ学生の皆さんはもちろんのこと、政治を「地に足をつけて」理解したいという市井の方々にも本書が広く読まれることを願ってやみません。

なお、今回は以上の内容を櫻井先生と、その不肖の弟子である私（芝田）との「ダイアローグ」（対話）を通して示すことにしました。「ファシリテーター」（進行役）を首尾よく務められたことを祈るばかりです。

ところで、私が櫻井先生と出会ったのは明治大学政治経済学部の「政治学」（一般教養科目）を一年次に受講した一九八九〈平成元〉年の春のことでした。以来、学部時代には先生が執筆された著作のほぼすべてを読破し、その後研究者になることを決意して大学院では指導教授になって頂きました。熾烈を極めた大学院での指導、特に博士論文の指導には時に「心が折れそう」になりましたが、その結果として先生が明治大学で担当されていた「政治学原論」（専門科目）を現職場で、そして以前には母校明治大学でも非常勤として担当する幸運に恵まれました。

私が本書を企画するのに至ったのは、このように今まで頂戴してきた櫻井先生からの学恩に僅かでも報いたいとの一念によるものです。この思いを受け止めて下さり、出版に向けて多大なご尽力を賜った泉文堂のシニア・エディターである佐藤光彦氏には何と御礼を申してよいのか見当もつきません。同氏の理解が得られなければ、本書が日の目を見ることは無かったでしょう。ここに改めて心よりの御礼を申し上げます。

そして最後に、遅ればせながら本書の刊行を通じて櫻井先生の傘寿をお祝いすることを、読者諸兄にはご寛恕頂きたく存じます。

二〇二四年一月

芝田　秀幹

主要参考文献

J－J・ルソー、桑原武夫、前川貞次郎訳『社会契約論』岩波文庫、一九五四年。

A・コント、H・スペンサー、霧生和夫訳『世界の名著36　コント／スペンサー』中央公論社、一九七〇年。

A・トックヴィル、松本礼二訳『アメリカのデモクラシー』全四巻、岩波文庫、二〇〇五－二〇〇八年。

A・トックヴィル、喜安朗訳『フランス二月革命の日々』岩波文庫、一九八八年。

A・トックヴィル、小山勉訳『旧体制と大革命』ちくま書房、一九八八年。

S・ドレッシャー、櫻井陽二訳『デモクラシーのディレンマ』荒地出版社、一九七〇年。

松平齊光『政治学原論』（第一・第二分冊）稲門堂、一九六五年。

松平齊光『古代ヨーロッパの政治と思想』東海大学出版会、一九七二年。

松平齊光『近代ヨーロッパの政治と思想』人間の科学社、一九七六年。

松平齊光『フランス啓蒙思想の研究』有斐閣、一九五八年。

松平齊光『祭』日光書院、一九四三年（復刻版『祭』平凡社、一九九八年）。

松平齊光『祭　本質と諸相』日光書院、一九四六年（復刻版『祭　本質と諸相―古代人の宇宙』朝日新聞社、一九七七年）。

櫻井陽二『フランス政治体制論―政治文化とゴーリズム』芦書房、一九八七年。

櫻井陽二『松平齊光における政治科学と天皇制』芦書房、二〇一〇年。

M・デュヴェルジェ、横田地弘訳『政治学入門』みすず書房、一九六七年。

M・デュヴェルジェ、西川長夫・天羽均訳『ヨーロッパの政治構造』合同出版、一九七四年。

M・デュヴェルジェ、宮島喬訳『ヤヌス―西欧の二つの顔』木鐸社、一九七四年。
M.Duverger, *Institutions politique et Droit cnstitutionnel*, T. 1, PUF, 4e ed., 1971.
M.Duverger, *Sociologie de la politique*, PUF, 1973.
R-G.Schwartzenberg, *Sociologie politique*, Editions Montchrestien, 1974.

H・ピレンヌ、増田史郎他訳『中世ヨーロッパ経済史』一條書店、一九七一年。

櫻井陽二「M・デュヴェルジェ―自由主義とマルクス主義の接点」『現代政治学の理論（続）』白鳥令編
早稲田大学出版部、一九八五年。

櫻井陽二『ビュルドーの政治学原論―フランス正統派政治学理論の研究』芦書房、二〇〇七年。

M・ドガン、櫻井陽二訳『比較政治社会学―いかに諸国を比較するか』芦書房、一九八三年。

M・ドガン、櫻井陽二訳『西欧先進社会と国家肥大―福祉国家とコーポラティズム』芦書房、一九九二年。

M・ドガン、櫻井陽二訳『ヨーロッパの民主政治―類似点と相違点』芦書房、一九九五年。

M・ドガン、櫻井陽二、外池力、芝田秀幹訳『比較政治社会学の新次元』芦書房、二〇一一年。

J・ライヴリー、櫻井陽二、外池力訳『デモクラシーとは何か』芦書房、一九八九年。

R・ダーレンドルフ、池内信行・鈴木英寿訳『産業社会学』千倉書房、一九六一年。

R・ダーレンドルフ、富永健一訳『産業社会における階級および階級闘争』ダイヤモンド社、一九六四年。

R・ダーレンドルフ、鈴木和幸、鈴木正仁、平松闊訳『ユートピアからの脱出』ミネルヴァ書房、一九七五年。

D・ベル、岡田直之訳『イデオロギーの終焉』東京創元新社、一九六九年。

D・ベル、内田忠夫ほか訳『脱工業社会の到来』（上・下）ダイヤモンド社、一九七五年。

Z・ブレジンスキー、直井武夫訳『テクネトロニック・エイジ―21世紀の国際政治』読売新聞社、一九七二年。

S・リプセット、鈴木広訳『産業社会の構造』サイマル出版会、一九六九年。

S・リプセット、内山秀夫、宮沢健訳『国民形成の歴史社会学』未来社、一九七一年。

秋山和宏編、芝田秀幹他『現代政治の理論と諸相』三和書籍、二〇〇六年。

北山俊哉他『はじめて出会う政治学・第三版』有斐閣、二〇〇九年。

芝田秀幹『イギリス理想主義の政治思想―バーナード・ボザンケの政治理論』芦書房、二〇〇六年。

芝田秀幹『ボザンケと現代政治理論―多元的国家論、新自由主義、コミュニタリアニズム』芦書房、二〇一三年。

著者紹介

櫻井 陽二（さくらい　ようじ） 1942年，茨城県生まれ。
明治大学政治経済学部卒業，同大学院政治経済学研究科博士課程中退，東京外国語大学大学院講師，フランス国立科学研究センター客員研究員，明治大学政治経済学部教授を経て，現在，明治大学名誉教授，博士（政治学），日本政治総合研究所理事，元日仏政治学会理事長。

【主な著書】

『フランス政治体制論――政治文化とゴーリズム』芦書房，『ビュルドーの政治学原論――フランス正統派政治学理論の研究』芦書房，『松平齊光における政治科学と天皇制』芦書房，『フランス政治のメカニズム』（編著）芦書房。

【主な訳書】

S・ドレッシャー著『デモクラシーのディレンマ――トクヴィルとその思想』荒地出版社，J・ライヴリー著『デモクラシーとは何か』（共訳）芦書房，M・ドガン，D・ペラッシー著『比較政治社会学――いかに諸国を比較するか』芦書房，M・ドガン，D・ペラッシー著『西欧先進社会と国家肥大――福祉国家とコーポラティズム』芦書房，M・ドガン著『ヨーロッパの民主政治――類似点と相違点』芦書房，M・ドガン著『比較政治社会学の新次元』（共訳）芦書房。

芝田 秀幹（しばた　ひでき） 1970年，埼玉県生まれ。
明治大学政治経済学部政治学科卒業，同大学院政治経済学研究科博士後期課程修了，国立宇部工業高等専門学校一般科助教授，山口大学大学院人文科学研究科講師を経て，現在，沖縄国際大学法学部教授，慶應義塾大学講師，博士（政治学），日本イギリス理想主義学会理事。

【主な著書】

『イギリス理想主義の政治思想――バーナード・ボザンケの政治理論』芦書房，『ボザンケと現代政治理論――多元的国家論，新自由主義，コミュニタリアニズム』芦書房，『教養の思想――その再評価から新たなアプローチへ』（共著）社会思想社，『現代政治の理論と諸相』（共著）三和書籍，『教養の政治学・経済学』（共著）学術図書出版社，『イギリス理想主義の展開と河合栄治郎』（共著）世界思想社，『ソーシャリズムの論理』（共著）泉文堂，『河合栄治郎著作選集』第5巻（編著）アジア・ユーラシア総合研究所。

政治社会学 ―政治学を捉えなおす

2024年３月25日　　初版第１刷発行

著　　者　櫻井　陽二
　　　　　芝田　秀幹

発 行 者　大坪　克行

発 行 所　株式会社　泉　文　堂
〒161－0033　東京都新宿区下落合１－２－16
電話 03－3951－9610　FAX 03－3951－6830
印 刷 所　有限会社 山吹印刷所

製 本 所　牧製本印刷株式会社

ISBN 978－4－7930－0475－9　C3031